「アラブの春」の正体

――欧米とメディアに踊らされた民主化革命

重信メイ

はじめに

二〇一〇年の暮れ、アラブの片隅にあるチュニジアという小さな国で、野菜を売っていた一人の青年が焼身自殺をしたことから、デモが始まりました。やがてそのデモは大きなうねりとなり、長年続いた政権を倒しました。そして、その動きは国境を越え、近隣の大国、エジプトに飛び火します。民衆の行動は、ついにアラブ世界の大ボスの一人であり、長年にわたってエジプトを牛耳ってきたムバラク大統領を政権の座から引きずりおろしました。

そして、さらにこの動きはアラブのほかの国へと伝播《でんぱ》していきました。世界中のメディアがこの一連の動きを「アラブの春」と呼び、「民主化」への大きな前進だと称賛しました。

しかし、本当にアラブに「春」は来たのでしょうか？

本書では、アラブで生まれ育ち、いまは日本に暮らしている私の目から見た「アラブの春」について書いています。

アラブ社会を肌で経験し、アラブについての報道をモニターし続けてきた私から見ると、「アラブの春」の報道は偏っているように見えてなりません。

いいえ、「アラブの春」に限らず、日本のメディアの報道は、アラブについて、情報が偏っているか、少ないか、わかりづらいかのいずれかです。そして、世界のメディアが多かれ少なかれ、同じような問題を抱えています。

アラブ社会は、外から見てわかりづらい一面があることもたしかですが、欧米の思惑がメディアの報道にも影響を及ぼしている部分が大きいのです。日本のメディアも、欧米のメディアの意図をくんで報道していると感じます。

アラブの国々に暮らす普通の人々のことを知ってほしい。声を聞いてほしい。アラブで起こっていることを自分たちとは無関係のことだと思ってほしくないのです。

日本各地で中東で起きていることをお話しする機会があるのですが、みなさんが口を揃えておっしゃるのは「これまでアラブについて知らないことが多かった」ということです。日本の報道機関が発信する情報だけではわからなかったことが多い、と。

たしかに日本のメディアは外交問題に弱いと思います。国内のニュースに対して、世界で起きていることは充分には伝えていないのが現状です。しかし、当然ですが、世界全体の動きと日本の将来は深く関わっています。世界がどう動いているかに無関心でいていいわけがありません。アラブに限って言っても、石油を通じてこの国に暮らす人々の生活に大きく関わっています。

いま、アラブで起こっていることがどういうことなのか。報道からだけではわからないことがわかれば、世界全体の動きを理解するきっかけになると思います。

宗教が違うから、政治体制が違うから、文化が違うから――と違いが強調されがちなアラブですが、そこで起こっていることはわかりづらくも何ともない、人間の普遍的な問題です。

チュニジアやエジプトで人々が立ち上がったのは、政府の腐敗に対する怒りであり、仕事がない、貧しいということへの不満でした。一生懸命働いているのに生活が楽にならない。働きたいのに仕事がない。そうした状況は、多かれ少なかれ、世界中のどこの国にもある問題です。日本でも、近年、就職難が社会問題化しつつあります。もしかすると、これからもっと失業率が高くなって、若者たちが立ち上がる日が来るかもしれません。

「アラブの春」は、文字通りアラブ各国に、民衆が声を上げる、アクションを起こすという行動を連鎖させました。世界にアラブ革命、民衆蜂起《ほうき》というモデルが広がっていったことも重要だと思います。

二〇一一年九月からアメリカのニューヨークで始まった「オキュパイ・ムーブメント(ウォール街を占拠せよ Occupy Wall Street)」も「アラブの春」の影響があったとされています。彼らの主張は儲《もう》けすぎの企業を優遇するのではなく、貧困層の生活レベル向上に政府が力を注ぐべきだということです。アラブの若者たちと彼らが主張することはとてもよく似ています。また、エジプト革命の根拠地であったタハリール広場の群衆のうねりを受けて、アラブ社会とは対立関係にあるイスラエル国内でもストライキや、労働者の待遇改善が要求されています。同じような動きが中国やロシアでも起きるなど、思想や宗教を超えた大きな動きが生まれています。

「アラブの春」が民衆運動に希望の光を与えてくれたことは間違いありません。ごく普通の人々が立ち上がったときに、政治が大きく変わる可能性を世界に発信できました。

では、なぜ、アラブでそんなことが可能だったのでしょうか。

そのことをこれから述べたいと思います。そして、アラブの人々の生活、考え方を知ってほしいと思います。

目次

第5章　報じられなかった革命、違う用語にすり替えられた革命　139

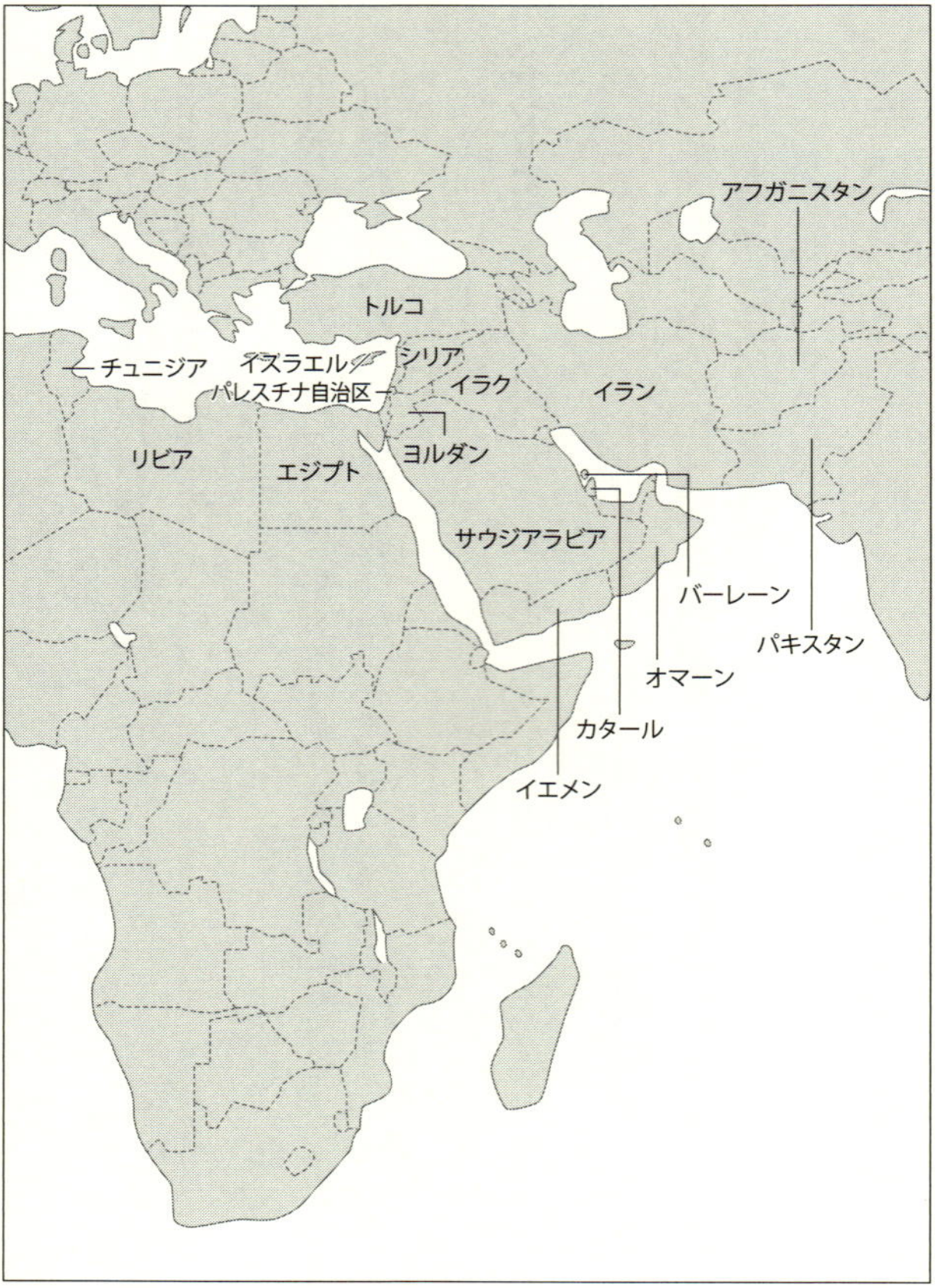
アフガニスタン
トルコ
チュニジア
イスラエル
シリア
パレスチナ自治区
イラク
イラン
ヨルダン
リビア
エジプト
サウジアラビア
バーレーン
パキスタン
オマーン
カタール
イエメン

第 1 章

北アフリカの小国、
チュニジアから始まった「アラブの春」

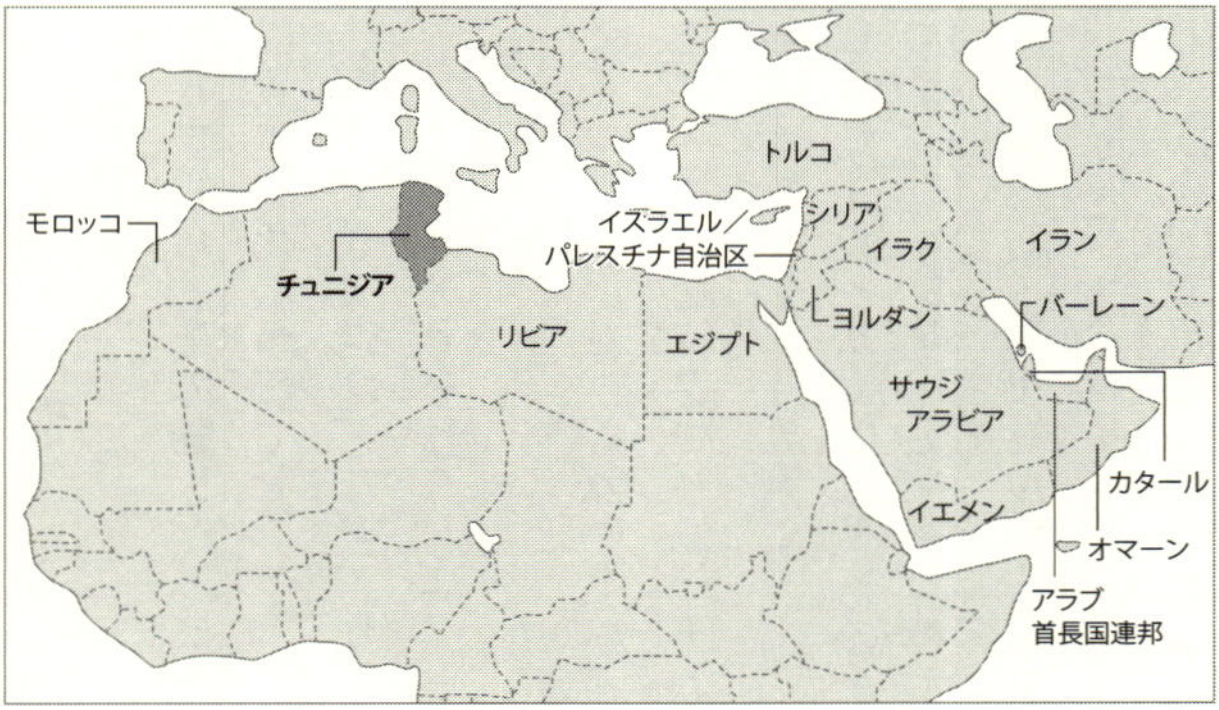

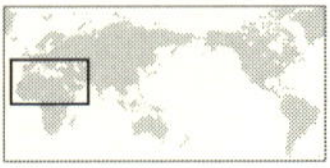

●フェイスブックで知った「革命」

「アラブの春」はチュニジアから始まりました。その動きが「ジャスミン革命」と呼ばれたのは、ジャスミンがチュニジアを代表する花だからです。

しかし、当初はこの「革命」を報じたメディアはほとんどありませんでした。これは日本国内に限ったことではなくて、欧米のメディアもそれほど活発な報道をしていたわけではありません。

私は日本にいてアラブ関連の報道をフォローしているのですが、チュニジアで起こっていることをリアルに伝えてくれたのはフェイスブックでした。チュニジア人の友人たちの書き込みから、いまチュニジアでこれまでにないことが起こっていることを知りました。

しかし、革命の当初はイギリスのBBC、アメリカのCNNのようなグローバル・メディアはもちろん、アラブ全域をフォローしている衛星放送局「アルジャジーラ」でさえ、チュニジアで起きていることをそれほど報道していませんでした。

世界がチュニジアに注目したのは、「革命」も終わりに近づいた、ベン・アリー大統領の国外脱出のときです。北アフリカの小さな国で起こった政変は、このとき「ジャスミン革命」と呼ばれるようになりました。

テレビの報道では、チュニジアのあるグループが政府に対して改善要求を出している、異議を申し立てているということが情報として伝えられるだけでしたが、フェイスブックを見ると、あらゆる層の人たちが、チュニジアのこれまでのシステム――腐敗したシステム――に対しての怒りを表しているんだな、ということが伝わってきました。

インターネットを通じて、メディアよりも早くリアルタイムで「革命」の進行状況を知ることができる、新しい時代の「革命」が起こったと感じました。

●きっかけは一人の青年の死

チュニジアは北アフリカにある小さな国です。海の向こうはイタリアとフランスで、ヨーロッパからの観光客も多い。北アフリカのなかでは、経済的には比較的発展している国です。

しかし、潤っているのは特定の層で、全国民が公平に経済的な恩恵を受けているわけではありませんでした。むしろ大多数の人たちの間には不満が積み重なってきていたのでしょう。「ジャスミン革命」の背景には一般国民の不満があったのです。

特定の層というのは、たとえば大統領の家族、親類縁者、友人といった人たちです。彼らにとっては、十分に満足のいく経済状態だったのでしょう。その証拠に、一九八七年に大統領に就任して以来、実に二十三年の間、ザイン・アル＝アービディーン・ベン・アリーがこの国のトップの座に就いていました。

しかし、若者たちは強い閉塞《へいそく》感を感じていました。大学を卒業しても就職先がなかったからです。せっかく専門の勉強をしても、それを生かせる職に就けなかったのです。

チュニジア革命のきっかけを作ったのもそうした青年の一人でした。名前はムハンマド・ブーアズィーズィーです。

ブーアズィーズィーは職には就けず、生活のために露天で野菜を売っていました。父親を亡くしていたため、家族を養うためにお金を稼がなくてはならなかったからです。

彼は友人から野菜を売るための荷車を借りて露天商を始めました。路上で商売をするには当局の許可が必要だったのですが、彼はその許可を取らないまま野菜を売っていました。そのため、彼は市の検査官につかまり、売っていた野菜や荷車などの商売道具をすべて没収されてしまいました。友人から借りていたものまで没収されたことに納得がいかなかった彼は、当局に対して不服を申し立てに行きましたが、その訴えは受け入れられませんでした。

彼を逮捕した市の検査官が女性だったことも、彼のプライドを傷つけました。チュニジアはアラブのなかでは女性の社会進出が進んでいる国です。女性でも、男性と同じ仕事に就けます。ですから女性検査官は珍しくないのですが、このときの女性検査官は平手で彼の顔をたたいてしまいました。アラブ世界においては、男性にとって女性に顔をたたかれることはたいへんな屈辱です。

自分の全財産に近いような商品や、友人から借りた荷車を奪われて、明日、食べるお金もない。そのうえ、女性から辱めを受けた——彼の受けた心の傷の深さは相当なものだったと思います。

そこで彼がとった行動は焼身自殺でした。チベットの僧侶《そうりょ》が抗議のために焼身自殺を図るなど、世界的にはこれまでもあった方法ですが、自分の意志を表明するために自分の身体に火をつける。自分が死んでも、意志を広く知らしめたいという行為です。

二〇一〇年十二月十七日のことでした。

●ネットで広がった焼身自殺

彼の焼身自殺は当初、テレビや新聞などのマスメディアでは取り上げられませんでした。しかし、彼が自殺した現場に居合わせた人たちが持っていた携帯電話などのモバイル機器で動画を撮影しました。もちろん、助けようとした人たちもいましたし、運ばれていった病院にいてその場面を撮影した人もいます。そうやって何人かの人が撮影した動画が、インターネットのSNSサイト「フェイスブック」や、動画投稿サイト「ユーチューブ」へアップロードされました。すると、またたくまにたくさんの人がアクセスし、その動画を目にしました。

なぜ、それほど短期間に多くの人がその動画を見たのか。焼身自殺という衝撃的なできごとが映っていたという理由もあるでしょう。しかし、それ以上に、彼の行動が明日の自分、明日の家族かもしれないというリアリティがあったのではないかと思います。

動画を見て、怒りを感じた人たちは自然と町に出て声を上げたり、異議を唱えるようになりました。それがチュニジア革命の最初の一歩でした。

イスラムではそもそも自殺は許されていません。彼がどこまでイスラミックな考え方だったかはわかりませんが、自分で自分の身を焼くという行為の深刻さは見る人に伝わってきました。とくに、彼と同じような境遇に置かれているチュニジアの若者たちにとってはなおさらだったことでしょう。

アラブ社会で起こったことはすぐにイスラム教と結びつけて考えられがちですが、かならずしもそうではありません。イスラム教がすべての行動原理に関わるわけではないのです。たとえば、一九九九年にトルコでクルド人の分離独立運動を指導していたオジャラン（クルド労働者党）がスーダンで逮捕されたときには、トルコに身柄を渡すなという抗議運動が起こりました。そのときに抗議の焼身自殺を図った人がいました。もちろん、ベトナム戦争当時のベトナムや、現在のチベットで僧侶が抗議のために焼身自殺をはかるケースから比べると少ないのですが、宗教的なタブーよりも、怒りが勝ったための抗議の自殺なのだと思います。

ブーアズィーズィーが焼身自殺する様子がインターネットで拡散し、人々が立ち上がるきっかけになっていた頃、実は彼と同じように焼身自殺をする人がチュニジア全土に現れ北アフリカのほかの国にも飛び火しました。

焼身自殺が政府に対する抗議の仕方なんだ、と人々が思ったからです。ただ、残念ながらマスメディアはほとんど報道しないか、したとしても、大きな扱いではありませんでした。
インターネットを通じて焼身自殺が同時多発的に起こっていることを知った欧米のメディアは、この行為を「コピーキャット（模倣犯）」だと報じました。しかし、私はそうした報道に違和感を感じました。なぜなら、焼身自殺をした人たちはブーアズィーズィーに刺激されて、ただ単に真似をしたわけではなく、自分たちも彼と同じ問題を抱えていて、命を犠牲にするしか政府に声を届かせることはできないと思ったからだと私は感じました。社会全体を動かすには犠牲が必要なのだ、という切実な思いがあると思いました。欧米のメディアから見れば、焼身自殺の連鎖はただの奇妙な現象に見えるかもしれません。しかし、チュニジアの人たちにとっては、自分たちの命や生活や将来に深く関わるできごとでした。この温度差が、欧米の報道を歪《ゆが》ませる一因になっていると思います。

チュニジアの国家体制は政教分離（いわゆる世俗主義）であり、女性の検査官がいるように男女平等など進歩的な考えを取り入れています。しかし、同時に、自分たちがアラブ人だというアイデンティティを持っていました。

日本ではあまり報道されませんが、チュニジア人たちが政府に対して申し立てた不満の一つは、チュニジア政府のパレスチナ問題に対しての対応が不十分だということでした。

生活レベルでの不満、政府高官や公務員の腐敗、そして、政府の外交に対する不満がチュニジア革命の原動力になったのです。自分たちの政府が自分たちを代表する政治をやっていないということへの不満が大きかったのです。

●ネット環境が革命に火をつけた

なぜ、チュニジアから「アラブの春」が始まったのでしょうか。

長期にわたって国を支配してきたベン・アリー政権に対する不満はずっとくすぶっていたのだろうと思います。

今回、その不満の共有を広げた背景には、一つは中東に衛星放送網が広がり「アルジャジーラ」などのニュース・メディアに接するようになったこと。読書や新聞を読むことが不得意なアラブ人が視聴覚情報に飛びついたのです。そしてもう一つ、インターネットの普及にともなって、ツイッターやフェイスブック、ユーチューブなどのソーシャルメディアが浸透していったことが挙げられます。

一九九六年からアルジャジーラのような衛星放送が現れ、いまでは五〇〇もの衛星チャンネルがあります。メディアの発達によって、どんどん人々の世界観が変わってきました。

衛星放送メディアの発達は近隣の国で何が起こっているかを教えてくれました。十年前と比べて、世界で何が起こっているのか、ほかの国では社会がどう変革されていったかを知ることができるようになりました。今まで不信を持って見ていた国のプロパガンダ・フィルターを通したメディア機関以外の情報源が現れたのです。インターネットは相互コミュニケーションを促進するメディアとして、人々の気持ちを徐々に一体化させていく方向に力を発揮しました。

加えて、携帯電話の登場がチュニジアの人々の意識を大きく変えました。一人ひとりが簡単にインターネットで発信できることを学んだからです。パソコンに比べて身近な携帯電話が果たした役割は大きかったのです。特に携帯電話にはカメラがついていて写真も動画も撮れるし、すぐにネットにアップロードできます。欧米の社会と同様、インターネットが発達していたチュニジアではシチズン・ジャーナリズム（市民の報道）が可能になっていたのです。

なぜ、チュニジアから「アラブの春」が始まったのかという問いに戻ると、チュニジアはアラブのなかでも早くインターネットが解禁され、接続しやすい環境にありました。通信のインフラが整っていて、動画を共有することも容易でした。

実はチュニジアやエジプトでは、いままでもソーシャル・ネットワークから始まった社会改革への小さい動きが何度かあり、市民が少しずつ慣れてきていました。そして、その動きをメディアは報じようとしませんでした。私の知る限り、少なくとも二〇〇八年には、エジプトでソーシャル・ネットワークを通じてストライキを呼びかけるなどの動きがありました。

また、ネットで機密情報を公開して話題になっていたウィキリークスが果たした役割も大きかったと思います。メディアではフェイスブックのようなソーシャル・ネットワークのことばかりが取り上げられていましたが、いままではウワサや陰謀説として知っていたアラブ諸国の政府や王族の腐敗が明らかになりました。ウィキリークスの情報元は各国のアメリカ大使館やＣＩＡ（中央情報局）ですから、信憑性《しんぴょう》も充分です。

とくにアラブの中では比較的インターネット人口が多いチュニジアでは影響が大きく、ベン・アリーとその家族がどんなことをしていたかが逐一明らかになったからです。

アメリカの情報機関は世界中の国の支配層の情報を個人的なことまで事細かに調べています。その個人のいちばん弱いところを知っていれば、外交を有利に運べるからです。そのために収集していた情報がウィキリークスで暴露されたことによって、一般市民の怒りに油を注ぐことになりました。

さらにチュニジアの場合、国の規模が小さかったことも革命を容易にしました。日本の半分弱の面積に、人口は東京都の人口よりも少ない約一〇五〇万人。また、石油などの資源もないので、欧米からの注目度も低い。欧米もさほど事態を深刻には考えていなかったのでしょう。欧米の国が見過ごしたからこそ、ブーアズィーズィーの焼身自殺から一カ月足らずの間に、ベン・アリー大統領がサウジアラビアに亡命し、ちょうど一カ月後の二〇一一年一月十七日には、下院議長が暫定大統領を務める暫定政権が樹立されました。

●イスラム原理主義者の反発

倒されてしまったとはいえ、前政権にも評価すべき点はありました。たとえば、先ほど述べたように、政教分離、女性の権利を認めるといった点で中東の他の国より進歩的でした。

とくに女性の権利を認めるにあたっては、ベン・アリー元大統領の第二夫人が大きな役割を果たしたと言われています。しかし、同時に、この第二夫人の一族が政権の腐敗に大きく関わっていました。ですから、ベン・アリー以上に国民から嫌われている人物でもありました。

しかも、男女平等と法律にうたってあったとしても、実際に運用されるときには腐敗だらけでした。トップにいる人たちはどんどん裕福になる。ベン・アリーと縁戚《えんせき》関係になった一族はどんどんお金持ちになる。しかし、一般の人たちは努力して高い学歴を身につけても職にありつけない。チュニジアは教育も充実しているので、それだけに、不公平感を感じる人たちが増えていきました。

日本を含めたいわゆる先進国では政教分離はあたりまえですが、その政教分離という考え方についても、国内では異論を持つ人が少なくありませんでした。チュニジアはイスラムの社会でもあるので、イスラム教に基づいた政治を求める声も少なくありません。そして、政府が彼らの考えを否定すればするほど、彼らの不満が高まっていったのだと思います。

また、チュニジアには政治犯として刑務所に入れられている人たちがいました。彼らの内訳は、いわゆる左派である共産主義者、社会民主主義者の人たち。それと、右派、つまりムスリム同胞団などのイスラム原理主義者たちです。

イスラム原理主義というと、テロリストを連想するかもしれません。しかし、アラブ社会でのイスラム原理主義者はかならずしも暴力的な人たちではありません。イスラム教をもとにした社会をつくろうとする人たちです。

ベン・アリーは表面上は開明的な政治指導者としてふるまい、政教分離、男女平等などの政策を打ち出していましたが、その陰では、自分たちの政策に異論を唱える人たちを政治犯として捕まえ、刑務所に入れてしまいました。政治犯の釈放もデモの主張の一つになっていました。

●リベラル派の敗北

チュニジアで革命を起こした勢力の中心は、左派およびリベラルな考え方を持つ若者たちでした。彼らがデモに行ったり、大統領府を取り囲んでベン・アリー政権を追い詰めたのです。

フェイスブックを見ても、そのほかのインターネットに載った映像を見ても、デモの写真にはかならず赤旗がひるがえっていました。なかにはチェ・ゲバラの顔写真を掲げていた人もいます。彼らはかならずしも共産主義や社会民主主義の組織に属していたわけではないのですが、心情的に左派を応援する若者たちが、まず行動を起こしました。

しかし、革命が起こった後、主役は入れ替わりました。

それまで逮捕されることを恐れて、じっと潜んでいたムスリム同胞団の人たちなどイスラム原理主義の人たちが表舞台に出てきたのです。革命後の選挙では、ムスリム同胞団が左派に勝利しました。

革命を起こした若者たちから、イスラムによる社会を実現しようとする大人たちへの変化は、デモに参加していた若者たちにとっては予想外のことであり、苦い結末だったのではないかと思います。

イスラム原理主義者たちが政権を取ったことが悪いとはいいません。しかし、革命のために行動を起こした若者たちが求めていたことが「より自由な社会」だったとしたら、これからのチュニジアは、彼らの望む通りにはならない可能性が高いと思います。

●イスラム的社会とは

ここでイスラム教に基づく社会について説明しておきたいと思います。

左派やリベラルな人たちが求めた「自由」は、イスラム原理主義者たちの政策では制限されるだろうと述べました。おそらく、多くの読者は「イスラム教は戒律が厳しく、窮屈だ」「イスラム教は保守的だ」という印象を持っていることでしょう。

　しかし、イスラムの考え方のなかに、自由がないわけでも、平等がないわけでもありません。イスラム教の預言者であるムハンマドの妻は年上で、広くビジネスを手がけていた経営者でした。ムハンマドの時代には女性の社会進出は認められていました。ところが、時代がくだっていくと、変化していったのです。

　そして、イスラムの教えを社会の法律やシステムに反映させようとすると、欧米社会からは、保守的で、女性差別が行われている、自由のない社会という印象を持たれてしまうようになっていきました。

　イスラムの考え方をどのように政治や法律に反映していくのかは、あくまで政治家の裁量です。何がイスラム的で、何がイスラム的でないかという議論はつねにあります。宗教指導者の間でも意見が分かれることはしばしばです。

　イスラムに則《のっと》った社会というとイランが連想されるかもしれませんが、実は、イランが保守的な社会だという印象を持たれるのは欧米の報道の偏った見方が影響しています。

　たしかにイランでは、女性はチャドルをかぶらないと外出できないという決まりはありますが、その一方で女性の社会進出が認められています。女性が働くことも、政治的、宗教的リーダーになることも認められています。国会にも女性議員の席が設けられ、国政にも参加できます。男女の区別はありますが、サウジアラビアなどにくらべれば差別は少ないと思います。しかし、そうした事実を欧米のマスメディアは伝えたがりません。「反米」「反西洋」のイランは頑迷で保守的な国であってほしいのでしょう。

●リベラルなイスラム主義者

あたりまえのことですが、イスラム教徒と一口に言っても、いろいろな人がいて、いろいろな考え方があります。

私が知っているイスラム指導者で、もっともリベラルだったのが二〇一〇年に七十四歳で亡くなったムハンマド・ファドララ師でした。レバノンのイスラム教シーア派のスピリチュアル・リーダー（最高権威）で、レバノンだけでなく、国境を越えてシーア派から支持されていました。

ファドララ師は、ほかのどの宗教もＯＫしていないようなことを認める発言で知られています。たとえば、受精卵から作られる胚性幹細胞《はいせいかんさいぼう》を取り出して研究することはアメリカでも宗教的、倫理的な議論がありますが、ファドララ師は科学の進歩のためなら、と許容する発言をしています。この技術が進んで病気が克服できる人がいるなら研究を進める価値がある、と。また、男性の家庭内暴力に対して、女性も夫を殴り返していい、というファトワ（宗教見解）を出すなど、男女平等の考え方を示しました。

ファドララ師がリベラルだったのは、イスラム教以外のことについても知識が豊富で、世界が広かったからです。人のためになると判断できればやるべきだ、という信念が基本にあります。それはイスラムで言う「イジュティハード」だからです。「イジュティハード」とは、コーランに書いていない、預言者ムハンマドが言ってはいないが、いまの世の中で必要なものは？　と考えたときに出す判断です。

イスラム教のなかでの重要度で言えば、コーラン、預言者ムハンマドの言葉、そしてその次に「イジュティハード」があります。コーランと預言者ムハンマドの言葉のなかにないものは、その時代の宗教的指導者が決めるということです。

たとえば、コーランを読み込むことだけで生きてきたような世界の狭い人がコーラン、預言者ムハンマドの言葉を現代に実現しようとしたら、時代に逆行したがんじがらめの保守的な考え方になってしまうかもしれません。あるいは、ビン・ラディンたちのように、イスラム教徒ではない人を殺すことを許すような極端な考え方になってしまう場合だってあります。より広い見方ができれば、イスラムの教えの解釈の仕方ももっと幅が出てくるはずです。ファドララ師はそのような見方ができる人だったのだと思います。

●「偉大な人」と表現しクビになったＣＮＮ職員

アメリカのニュース専門放送局ＣＮＮをクビになったオクタビア・ナスルという人のことをご存じでしょうか？

彼女はＣＮＮで中東問題専門のシニア・中東アナリストを務めていました。彼女はファドララ師が亡くなったときに、「偉大な人が亡くなった」と個人アカウントでツイートしました。そして、そのことがきっかけで、ＣＮＮをクビになってしまいます。なぜなら、ファドララ師は「ヒズボラ」の精神的指導者でもあったからです。「ヒズボラ」は「神の党」を意味するシーア派の政治団体ですが、反イスラエル、反米を訴え、欧米諸国からテロ組織と認定されているからです。

しかし、オクタビア・ナスルが親アラブの反米主義者だったというわけではありません。それまで彼女がＣＮＮでやってきた解説は、むしろアラブ的なもの、イスラム的なものを批判する立場からのものでした。彼女はレバノン人ですが、キリスト教徒です。そういう人でさえ、レバノンのシーア派の最高権威でもあったファドララ師に対しては、敬意を払っていたのです。しかし、CNNのようなアメリカのマス・メディアではそのことが認められませんでした。

イスラム教が悪いのではなく、イスラムの考え方をどのように社会に反映させるかが問題なのです。たとえば、ガチガチの保守でいいのか。いままで女性たちがやっとの思いで得てきた権利が失われてしまい、五十年、百年前の議論に戻ってしまっていいのか、ということなのです。

●ムスリム同胞団はなぜ勝利したか

チュニジアは大統領制をとっており、大統領は国民による選挙で選ばれます。ではなぜ、ベン・アリーが二十三年もの長い間、権力の座に居続けることができたのでしょうか。大統領は選挙で選ばれるのだから、選挙でベン・アリーに投票しなければいいではないか、と思われがちですが、選挙それ自体が腐敗していて、不正が横行していたからです。それに、ベン・アリー政権に反対していた左派の人たちやムスリム同胞団などの右派の人たちは選挙に立候補する権利を剝奪《はくだつ》されていました。つまり、ベン・アリー政権に反対の人たちを排除し、そのうえ、不正がある選挙で選ばれた大統領が政権を握っていたのです。チュニジアの人たちが求めていたのは、公平な選挙、公平な社会、公平なシステムでした。

チュニジア革命では、結果として三〇〇名を超える死者が出ました。その犠牲のうえで、ベン・アリー政権が倒され、二〇一一年六月、ベン・アリーと夫人に対して欠席裁判が行われ、懲役三十五年の判決が下されました。政権が倒れた後に行われた選挙では、旧ベン・アリー政権を支えていた党の主要メンバーは選挙権が剝奪されました。選挙後、政治警察と国家治安機関が廃止されたのは民主化への前進だったと言えるでしょう。

初の議会選挙で勝利したのはムスリム同胞団が母体になった「アンナハダ」でした。二一七議席中八九議席を獲得し、第一党となりました。続いて中道左派の共和国評議会（ＣＰＲ）が二九議席、社会民主主義政党の「アッタカトル（ＦＤＴＬ）」が二〇議席をそれぞれ獲得し、その三党が連立政権を樹立しました。二六議席を占め第三党となったのはロンドン在住のビジネスマンが党主を務める「アル・アリーダ・アッシャアビィア」でしたが、連立には加わっていません。

民主化を求めて起きた革命が成功し、いざ公正な選挙を行うと、保守的なイスラム主義の政党が勝ってしまう。これと同様の現象が、後述するエジプトや、パレスチナでも起きています。

その背景には、各地域にあるモスクというイスラム教を広げるための宗教センターの存在があります。

普通の人々の関心を政治に引きつけ、組織化していくのはたいへんです。まず、人が集まる場所を作り、そこに人を呼び込むことから始めなければなりません。人々がたくさん集まってくれるまで、根気強い活動が必要になります。

しかし、信仰のあついイスラムの人たちは毎週金曜日にモスクに集まって礼拝するという習慣を持っています。その礼拝のときに、人々の一体感を高める演説をすれば、すっと聴衆の心のなかに言葉が届いていくはずです。しかもそれぞれのモスクにはリーダーがいるので、彼らが政治問題を問いかけると、政治に関心のない人たちを引きよせることができるのです。顔の見えるリーダーの言葉は信用できるからです。そのようにして、ムスリム同胞団が選挙に勝つことができたのです。

今回の選挙の得票率を見ると、アンナハダが37パーセント、そのほかのグループが8パーセント、6パーセント、6パーセント、3パーセント。この小さいグループがリベラル、左派なのです。その小さいグループを束ねても23パーセントなので、アンナハダには及びません。

●国民が立ち上がる条件

革命後の選挙がイスラム系の政党に有利だったのは、革命の原動力になったリベラル、左派のグループから有力なリーダーが出てこなかったからという理由もあります。

ではなぜ、有力なリーダーなしに革命が成就したのでしょうか。人々の間に不満があるときには、行動を起こすためにリーダーは必要ではありません。政府を倒すまでは民衆蜂起でできるのです。リーダーが必要になるのは、政権を倒し、新しい政権を作るときです。

政権を倒すまでは、不満や要求という共通の思いが人々の心を一つにします。しかし、政権を倒した後、不満を解消し、要求を実現していくかというプロセスでは議論が分かれます。そのときに、大まかな方向性を示し、人々をまとめていくリーダーシップが必要になるわけです。

ここに面白い数字があるので紹介しましょう。

チュニジア国民の平均年齢が三十歳。しかし、三十歳の約四割が職を持っていないのです。アラブ全体を見ても国民の平均年齢は若く、二十代の国がほとんどで、イエメンに至っては十八歳です。ちなみに日本は四十五歳です。

今回、アラブで次々に人々が立ち上がり、いくつかの政権を倒したのは、それだけ人々が追い詰められていたからです。

日本でも経済が停滞し、たいへんな思いをしている人が増えています。でも、生きていられないというところまで追い詰められている人はまだまだ少ないのではないでしょうか。チュニジア、エジプトなどの低所得者層は明日、どう生活したらいいのか、どうやって食べたらいいのか、というところまで深刻な状態になっていました。

『文明の衝突』（一九九六年）などの著書で知られるアメリカの政治学者サミュエル・P・ハンティントンは『Political Order in Changing Societies』（一九六八年、日本版『変革期社会の政治秩序』一九七二年）という本のなかで、革命が起こる条件について検討しています。追い詰められて失うものがなくなったときに革命が起こる、と定義づけています。サラリーや仕事がある限りは、自分の身体を張ってでも立ち上がることは難しい。でも、これ以上失うものがないと思ったときに立ち上がる。チュニジアやエジプトではそれが起こったということです。

第2章

アラブの盟主、
エジプトで起こった「革命」の苦い現実

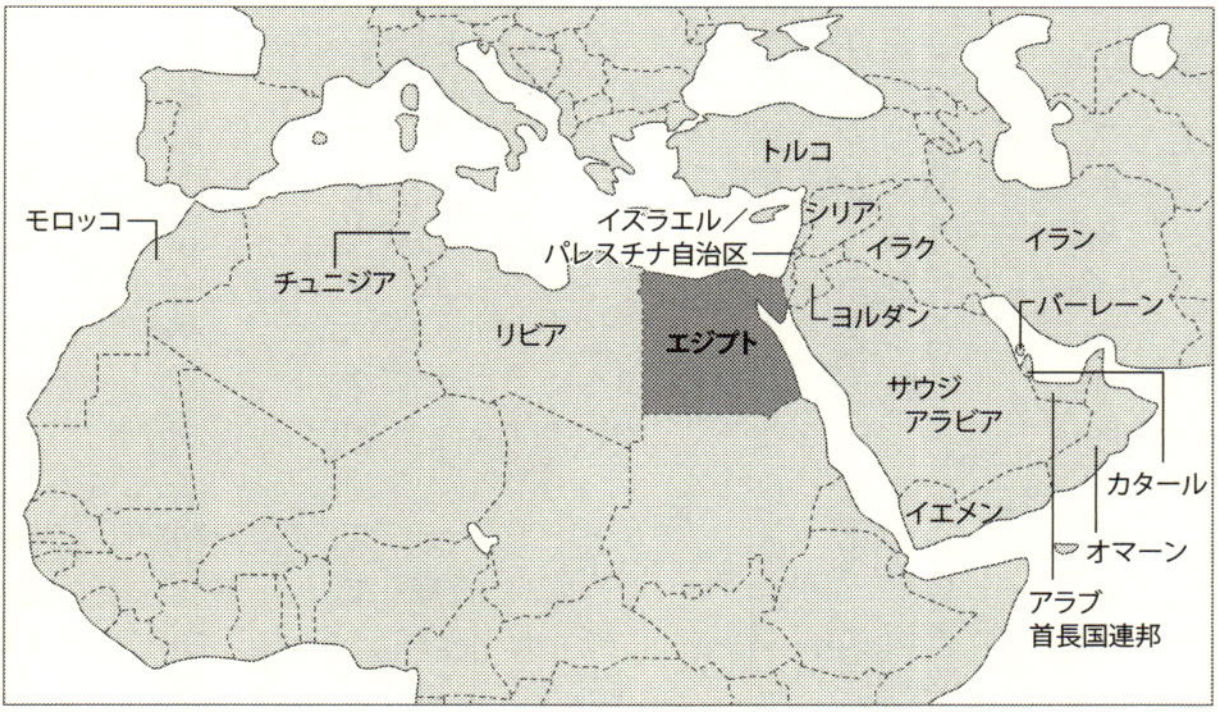

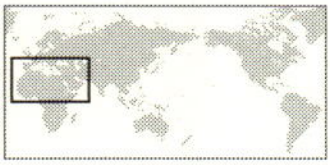

●インターネットを使ったストライキ

チュニジアの「ジャスミン革命」が報じられると、次に世界が注目したのがエジプトでした。

タイミングから考えると、チュニジア革命があって初めてエジプトでも同様の革命が起きたように思えますが、実態は少し違います。エジプトにはエジプトの事情があり、一般の人々の間にずっと不満がたまっていました。

とくに二〇〇六年からストライキがよく起こっていました。労働者たちの不満は爆発寸前だったと思います。

しかし、三十年にわたって大統領を務めていたホスニー・ムバラクを倒すことができたのは、やはりチュニジア革命の影響が大きかったと思います。エジプト国民の間に、チュニジアにできるなら、エジプトにできないはずはないという新たな希望と勢いが出たからです。

また、二〇〇七、八年から起きていたストライキや民衆蜂起《ほうき》は、チュニジアがそうだったように、インターネットを使ったものでした。

たとえば、二〇〇八年四月六日には、アルマヘッラ・アルコブラという工業都市で、労働者たちが労働条件が悪すぎる、改善してほしいと声を上げました。そして、彼らの活動を支援するために、リベラルな学生たちがソーシャルメディアを使いました。

アルマヘッラ・アルコブラの労働者たちを支援するために、ほかの町でも同じ日にストライキをしよう、と彼らは考えました。そして、この日はみんなで同じ黒いＴシャツを着ることにしました。アルマヘッラ・アルコブラには行けなくても、遠くからでも彼らを支援しようというわけです。その結果、一週間でフェイスブックのページに五万人がメンバーとして登録し、このストライキを支持するほど大きな力になりました。しかし、このときには政府の弾圧があり、収束してしまいます。このときはジャーナリストも含む多数の逮捕者が出ました。

それ以来、工場のストライキがエジプト各地で次々に起こりました。

しかし、この盛り上がりがムバラク政権を倒すまでにいたらなかったのには、残念なことに、ストライキを主導していた労働組合の腐敗が原因でした。それも、労働組合の幹部が政府と癒着していたという腐敗でした。

政府は弾圧してくる。組合はあてにならない。そこで、工場ごと職場ごとに、組合とは関係なくストライキを起こす人たちが出てきました。エジプト国内でそういう新しい動きが徐々に現れてきたときに、近隣のチュニジアで革命が起こったわけです。

●「私たちすべてがハーリド・サイードだ」

エジプトにも、「ジャスミン革命」のきっかけになったブーアズィーズィーのような人がいました。個人から始まる印象的なストーリーがありました。

主人公はハーリド・サイードという一人の男性ブロガーでした。彼は警察官が没収した麻薬を横流しする現場を撮影した映像を持っていました。しかも、その映像には警察官何人かが、麻薬をどう山分けするか、どのように売るかを相談している場が映っていました。警察が組織的に麻薬の横流しに関与していることが明らかな映像でした。

サイードがどうやってこの映像を手に入れたかはわかっていませんが、彼は「この映像をブログで公開するぞ」と警察官を脅しました。彼が自分の身元を明かしていたのか、匿名だったのかはわかりません。しかし、警官たちは彼の居場所を突き止めました。

二〇一〇年六月六日のことでした。サイードがいつも使っていたインターネット・カフェに、警官たちがやってきました。警官たちは、従業員やお客さんたちを店の外に出したうえで、彼に殴る蹴《け》るの暴行を働きました。そこで彼は殺されたのではないか、と言われています。そのとき店から出された人たちは、彼が警官たちに店から引きずりだされてきた様子を目撃しています。

数日後、警察は獄中で亡くなった彼の遺体を家族の元に送り返しました。

しかし、彼が警察に連行される場面を見た人たちは、彼は警官たちに殺されたのではないかと考えました。そして、自分たちが見たことをネットで告発し始めました。そのなかの一人に、グーグル社幹部のワエル・ゴニムがいたことが大きな話題になりましたが、彼だけではなく、サイードのブロガー仲間たちが、このことを知らせなくては、真相を明らかにしなければ、と自主的に動き出したのです。そして、そのための情報収集サイトとして、「私たちすべてがハーリド・サイードだ」というフェイスブック・ページを作りました。

すると、かねてからエジプト政府の弾圧や、労働者の待遇、失業率の高さなどの経済面で不満があった若者たちがそのページに集まるようになりました。そこから運動が大きくなっていきました。

そこに同じ年の年末から始まった「ジャスミン革命」という追い風が吹いたのです。

●ムバラク政権を倒した「軍」の離反

当初のデモにはブルジョワジー（資本家）や中産階級など、社会のなかで恵まれたポジションにいる人たちも大勢参加しました。

しかし、ムバラク政権がいよいよ倒されるとなったとき、軍がムバラクを見限って民衆側につこうと決めた決定的な理由は、労働者のストライキでした。

フェイスブックやツイッターを使って呼びかけたデモに集まった数万人の人たちがタハリール広場へ座り込んだりしていましたが、その一方で、首都のカイロだけではなく、アルマヘッラ・アルコブラなどの工業都市で、一気にストライキを起こしたのです。このことはあまり報道されていませんが、製糖工場や、鉄道の技術者の組合がストライキを起こし、やがては鉄道全体の労働者がストライキを始め、交通機関が麻痺《まひ》しました。

また石油会社の労働者もストライキを起こし、当時の石油大臣の腐敗を訴え、イスラエルに安くオイルを売ることに反対を表明しました。

交通や工場が麻痺したことで、エジプトは経済的にも大きなダメージを受けました。ここにいたって、軍もムバラク政権にエジプトの統治は無理だと判断したのです。

しかし、三十年間という長い間、政権を握り続けてきたムバラクが、「いま」倒されたのはなぜでしょうか。

一月十四日にチュニジアのベン・アリー大統領が国外に脱出すると、同じ日、エジプトの首都、カイロでデモがあり、「ジャスミン革命」に呼応するように、抗議の焼身自殺を遂げる青年が相次ぎ現れました。エジプトの国内の雰囲気が変わり、この年の秋の大統領選挙でムバラクが六選をねらっているという観測に対し、不満を表明する人々がデモに参加し始めました。

しかし、ムバラクはつねに強気でした。一月二十五日にはフェイスブックで呼びかけたデモに五万人もの賛同者が現れましたが、エジプト政府は二十七日からソーシャルメディアを妨害し、三十一日にはインターネットと携帯電話サービスの遮断というかたちで妨害します。そして、デモ隊に対して、警官が催涙弾を撃ち込むといった強硬手段に出、双方に死者が出る騒動に発展していきます。ムバラクは二十九日に国営テレビに出演し演説を行います。そこで、首相を含む全閣僚を解任することと、経済改革を約束しますが、自らは退陣しようとしませんでした。

潮目が変わったのは二月一日でした。反政府勢力が一〇〇万人規模のデモを呼びかけ、交通網はストライキで麻痺しました。この事態に対し、軍がムバラクを支持することをやめたのです。この日の夜、ムバラクは次期大統領選挙に立候補しないことを表明し、選挙制度改革を約束しました。このとき、実質的にムバラク政権は崩壊しました。

なぜ、このタイミングでムバラク政権が倒れたのか。その答えを考えるうえで、エジプトという国の権力がどこに集中しているかを知っておくべきだと思います。

エジプトという国の根幹を握っているのは軍です。

ムバラクが大統領になるよりも前、一九五二年に軍がクーデターを起こし、王政を廃してからはずっと軍事政権が続いていました。

したがって、エジプトの政治経済システムは軍にとってメリットの大きなものになっています。とくに経済システムは軍が牛耳っていると言ってもいいでしょう。

たとえば、エジプトはアメリカから毎年、約二〇億ドルの経済援助を受けていました。その大半は軍に流れています。しかし、それは単に軍関係のものを製造しているということではなく、軍が大企業に投資しているのです。つまり、エジプトでは軍が金融機構を持ち、経済活動に深く関わっているのです。

そんなわけで、軍は政治的な影響力が強いだけではなく、経済的にも重要な位置を占めています。かならずしも軍事的なことに影響力はとどまりません。だからこそ、軍の腐敗がエジプトという国に与える影響は大きいのです。

一般の人たちから見れば政府高官の腐敗は許し難いものですが、それを利用しようとする人たちにとっては便利なシステムでもあるのです。その結果、長い年月をかけて、一部の人たちのところにだけお金が集まっていくシステムが完成されていきました。その中心に軍がいるのです。

しかし、その反面、労働者たちのストライキが長引き、経済的な損失が大きくなれば、大企業に投資している軍は大きな損失を被ります。そしてその結果、権力基盤でもある経済力を失いかねない。そこで、軍はタイミングを見計らって、ムバラクを見限り、民衆側につきました。

ですから、軍が民衆側についたということは決して軍が正義にめざめたわけではないのです。その証拠に、エジプト革命から一年以上たったいまも軍最高評議会は権力の中枢にあり、さまざまなことが軍の協力を得なければ進まないという状況は変わっていません。

エジプトの革命が進行形なのはそのためです。いまだにエジプトではデモが散発的に起こっていますが、それは軍事政権に対する不信感が根強くあるからなのです。

●過酷な現実とプライド

エジプト国民たちがデモで訴えたのは、たとえばこんなことでした。

大統領の再選反対、大統領の息子が立候補することに反対、労働条件の改善、政府高官とその一族の腐敗に対する反対、中東外交路線への反対、対イスラエル政策の改善……。

もちろん、ムバラクが一九八一年に大統領に就任して以来、三十年間にわたって政権を握り、腐敗の象徴になっていたことは間違いありません。

腐敗の一例を挙げれば、貧しい人たちのための住居の建設があります。行政がお金を出して、貧しい人たちが住むための住居を建設するとき、その仕事を請け負うのは政府高官とその一族が関わっている会社です。そして、賄賂《わいろ》で建設許可を得て、利潤をより多く上げるためにコストを圧縮して建てたので、あとから崩れ落ちてしまうようなでたらめな建築を造っています。そうした建物が倒れて、何十人という犠牲者が出たというニュースが何カ月かおきに報道されていました。

エジプト人はプライドの高い国民だと言われています。

アラブのなかでも大国ですし、歴史も古い。エジプトには「エジプトは世界の母だ」という表現があるほどです。文明はエジプトから始まった、ということでしょう。

しかし、エジプトの現実は、欧米社会に遅れを取り、独裁者の横暴を許している国でした。

チュニジアで「ジャスミン革命」が起こり、ベン・アリー政権を倒したことは、チュニジアのような小さな国でさえ、民衆の力で革命を行ったのだからエジプトにできないはずはない、と彼らに教えました。そして、たまりにたまっていた不満が爆発したのです。

●アメリカを信じたムバラク

チュニジアのベン・アリーは首都チュニスに暴動が飛び火した一月十一日からわずか三日後の一月十四日には国外に脱出しました。

しかし、ムバラクはデモが本格化した一月二十五日から二月十一日にスレイマン副大統領から国営テレビを通じて辞任が発表されるまで、大統領職にとどまりました。

ベン・アリーに比べてムバラクの判断が遅かったのは、一つにはまさか自分がベン・アリーのように大統領の座から転落するとは思っていなかったこと。もう一つは、アメリカがずっと様子をうかがうような発言しかしていなかったことです。

ムバラクが大統領でなくなったら、エジプトの対イスラエル政策はどうなるのか、アラブのリーダーシップを掲げた外交政策はどうなるのか。アメリカはムバラクの外交政策に満足していましたから、水面下で、ムバラクに対し、現政権の継続を望むと伝えていたのではないでしょうか。

エジプトで民衆が立ち上がって以降、ヒラリー・クリントン国務長官の発言は迷走していました。誰を支持して、誰を支えようとしているのかがはっきりしなかったのです。そのことから考えても、おそらく、アメリカは、できればムバラク政権を維持したかったのだと思います。

ムバラク自身もアメリカが自分を必要としている限り、権力の座を追われることはないだろうと考えていたのでしょう。

エジプトとチュニジアは違う、と。

事実、ムバラクは二月三日のＡＢＣテレビでインタビュアーのクリスチャン・アマンプアー氏に対して「私が大統領を辞めたら、次はムスリム同胞団が権力を持つだろう」という発言をしていました。「ムスリム同胞団が政権を担ったら、対イスラエル政策が強硬になり、アラブの安定が損なわれるぞ」と言外に匂わせたのです。

●アメリカが準備していた後継者、スレイマン

最終的にアメリカは、エジプトの軍がそうだったように、ムバラクを見限りました。しかし、反米、反イスラエル政権ができては困ります。アメリカとしては副大統領のスレイマン（オマル・マフムド・スレイマン・アル＝リファイ）を盛り立てたかったはずです。これまでの悪いことはすべてムバラクに押しつけて、同じような体制を続けることができればそれがいちばんよかったのです。

二〇〇七、八年頃からムバラクの再選に反対する動きが出てきましたが、その頃からアメリカはポスト・ムバラクとしてスレイマンに白羽の矢を立てていました。それは、インターネットの告発サイト「ウィキリークス」で公表されているアメリカの外交文書からも明らかです。

スレイマンは秘密警察のトップを務めた経験もある強面《こわもて》の政治家です。エジプトとイスラエルを結ぶ外交官としても成果を挙げていました。アメリカはスレイマンが大統領になれば、イスラエルとの関係を安定させたままにできるだろうと判断したのです。

しかし、今回の「エジプト革命」が起こったために、状況が大きく変わりました。

ムバラク政権が倒れた後、ようやく二〇一二年六月二十四日、新しい大統領が選挙によって選ばれました。しかし、選ばれたムハンマド・ムルシーはイスラム系政党の支持を得た保守的な人物です。そして、選挙で敗れたとはいえ、僅差《きんさ》まで近づいたのが、ムバラク政権末期に首相を務めたアフマド・シャフィークでした。あやうく、ムバラクだけをスケープゴートにして、それまでと同じ体制に逆戻りするところでした。

ちなみに、スレイマンは大統領選に立候補しようとしましたが、立候補に必要な条件である、一五の行政区から合わせて三万人以上の署名を集めるという条件をクリアできず、立候補できませんでした。

●スケープゴートだったムバラク

ムバラクが大統領の座を追われ、逮捕、起訴されたことで革命が成就したかのような印象を世界に与えました。しかし、その後の推移を見ていると、結局のところ、ムバラクはスケープゴートにすぎなかったということがわかってきました。

ムバラクと内相だったアドリは裁判で終身刑を受けましたが、デモ隊に発砲の指示を出した罪で告訴されていた行政・警察官僚のトップやムバラクの二人の息子らは無罪です。

すべての罪をムバラクとアドリが背負うという結果になりました。

そして、先述したように、イスラム系政党の支持を得たムハンマド・ムルシーが大統領に選ばれました。エジプト革命を先導した左派やリベラルな人たちが求めていた「自由」はむしろ規制される方向に向かうかもしれません。

なぜ、そんなことになってしまったのでしょうか。

エジプト国民の間で、ムバラク政権を倒したいという思いは共通していました。しかし、その後の国づくりのビジョンはなかったのです。あるいは、あったとして共有されていませんでした。

たとえば、政権の腐敗を糾《ただ》すということには誰もが賛成しました。しかし、どこまで不正を糾すのかということでは、国民それぞれの事情で違いがあったと思います。なぜなら、現実問題として、多くの人々が腐敗の恩恵を受けているからです。国全体が腐敗していたのですから、そのなかで生きることが普通のことになっていたのです。お金さえ払えばちょっとした不正を見逃してもらえる、権力のある人の口利きがあればものごとがうまくいく……それが文化として根付いてしまっているのです。

本当に社会から腐敗をなくすなら、まず自分たちの生活や感覚を変えなくてはならない。

言葉にするのは簡単ですが、実行するのはとても難しいと思います。もっと大きなことでいえば、軍事と経済の癒着と、そこに生まれる腐敗をなくすことも難しい。政治、経済における軍の影響力を低下させることは何年もかけてやるべきことで簡単にはできないでしょう。

また、エジプト人のなかにはアラブの一員としてイスラエルに対してどういう政策をとるべきか、という議論もあります。ガザ地区の封鎖は、イスラエルだけが行ったわけではなく、エジプトも手を貸したのです。ガザにはラファハというエジプト国境もあるからです。その国境を閉めたのはエジプトでした。

エジプトとの国境が閉められたことで、ガザは完全封鎖されました。食料品も衣料品も石油も何も入ってこなくなったため、パレスチナ人たちは国境のフェンスの下にトンネルを掘り、そのトンネルを通して密輸を始めました。エジプトはこれに対抗し、鉄の壁を造りました。

エジプトの国民の多くはエジプト政府がそうした措置をとったことに対して怒りをあらわにしました。なぜならパレスチナ人はアラブの同胞であり、また、国境をまたいで一族が住んでいる人たちもたくさんいました。エジプト政府が行った国境封鎖は、家族が断絶してしまう結果ももたらしたのです。

自分たちの一族、家族がガザの封鎖で苦しめられて、生命が危険にさらされるのを眼にしたのです。

しかも、エジプトはイスラエルと友好関係を保つことによって、イスラエル人の観光客を受け入れているのです。そのため、アラブ人、パレスチナ人の敵であるイスラエル人が自由にエジプトを観光する様子を見て、エジプト人たちの怒りが高まっていたのです。

また、シャルムシェーフという旧イスラエル占領地の観光地があります。いまでもイスラエルの投資が入っているリゾート地です。しかも、エジプトの警察や軍隊が入れないなどの条件付きの返還でした。それでは、自分たちの土地を取り戻したことにはならないと感じているエジプト人もたくさんいました。

それに加えて、スエズ運河をアメリカ軍が好きなように使っていることに対する不満もありました。

スエズ運河は地中海と紅海を結ぶ交通の要所です。一九五六年にイスラエル、イギリス、フランスを相手にしたスエズ戦争に勝利し、国有化したという栄光の歴史を持った運河でもあります。そのスエズ運河を政府がお墨付きを与えるかたちでアメリカ軍に好きに使わせています。経済的な面でアメリカに使わせるならまだしも、アメリカ軍がスエズ運河を経由して入ってくることで、イスラエルと協同してアラブ諸国に脅威を与えているのです。

エジプト人はそうしたことに対しても不満を募らせていました。では、革命が起こったとして、何をいちばんに成し遂げるべきなのか。そこが一致しなかったことが、革命後の迷走を生みました。

●混迷のエジプト大統領選挙

大統領選に先立って行われた国会議員を選ぶ選挙では、イスラム系の候補が大きな支持を集めました。国会議員を選ぶ選挙ではムスリム同胞団系の自由公正党とサラフィ系のヌール党が七割を占めました。

ムスリム同胞団が政府に要求していたのは、政治犯の釈放でしたが、もっとも重要な政治目標はイスラム主義を信奉する人たちにとって住みやすい国をつくることでした。

リベラルや左派の人たちにとっては、労働者の権利を守り、男女の平等性を確保することです。

さらに左派の人たちとナセル主義者（ナセル大統領が掲げたアラブ民族主義、社会主義者）は、イスラエルに対決する姿勢を鮮明にさせることで、アラブのなかでのエジプトの存在感を増すことを求めていました。

左派とリベラルはプライオリティをつけるときに意見が分かれてしまいます。そこで、ムスリム同胞団が有利に選挙戦を戦うことができました。

リベラル派が支持したのはアムル・ムーサでした。ムーサは元外相、アラブ連盟前事務局長でもあるので、前政権とつながりがある人物を推すことに疑問を感じる人もいました。また、ナセル主義からはハムディーン・サッバーヒーという地道に運動を続けてきた市民運動家も立候補しました。しかし、二人立候補したことで、結果的にリベラル派の票が割れてしまう結果になりました。

リベラル派にはもう一人有力なリーダーがいました。「革命の明日党」という政党の党首を務めるアイマン・ヌールです。四月六日運動――ストライキを起こした運動がこの名前でした――のリーダーです。左派、キリスト教徒、リベラルな人たちが支持していました。しかし、アイマン・ヌールは当初、大統領選に立候補できませんでした。

アイマン・ヌールが立候補できなかったのは、今回の大統領選にあたって法律が改正されたためでした。これまでムバラクは自分に有利になるような選挙制度を作ってきたので、それを改めようということで改正されたのですが、ふたを開けてみると、ある部分では時代に逆行するような法律になってしまいました。たとえば、次の大統領は男性でムスリムの男性、両親ともエジプト人でエジプト生まれで、といった条件がつき、過去の逮捕歴も問題にされることになりました。

アイマン・ヌールは前政権下で政治犯として逮捕されていたため、逮捕歴のある者は立候補できないという規定に触れてしまったのです。しかし、最高裁で争った結果、ムバラク政権を批判した彼の行為は規定に触れるものではなく、逮捕そのものが無効であったという判断が下されました。

しかし、アイマン・ヌールは最終的に大統領選への立候補を断念しました。というのは、自分が立候補することで、リベラル派の票が割れてしまうことを危惧《きぐ》したからです。

大統領選の結果は、四位までの候補がほぼ同数の票を取るという結果になりました。ムハンマド・ムルシー（自由公正党党首。ムスリム同胞団）、アフマド・シャフィーク（元首相、元空軍将校）、ハムディーン・サッバーヒー（尊厳党党首。ナセル主義者）、アブドルモネイム・アブールフトゥーフ（医師、元ムスリム同胞団）の四人です。それぞれ順に24・77パーセント、23・66パーセント、20・71パーセント、17・47パーセントと僅差でした。しかし、過半数を取った人がいないため、上位二人の決選投票となりました。

この第一回目の大統領選で驚きだったのが、最初から革命に関わっていたリベラルな人（ハムディーン・サッバーヒー）と、ムスリム同胞団のなかでもリベラルな人（アブドルモネイム・アブールフトゥーフ）が三位と四位に終わり、決選投票に残れなかったことです。

決選投票に残ったのは、ムスリム同胞団のなかでも右派、サラフィも支援するような保守的なムハンマド・ムルシーと、前政権で首相という要職にあり、政権の中枢にいたアフマド・シャフィークでした。革命の力になった若いリベラルなエジプト人にとっては、選択肢がないという状況での大統領選になってしまいました。

国民のなかから「この選挙には不正があったのではないか」「選挙制度が腐敗しているのではないか」という声が上がりました。ムバラク政権が倒されたとはいえ、末端のスタッフ、役人は変わっていないのですから。これが本当に正しい選挙結果なのか？　という疑問を持つエジプト人は少なくなかったのです。だからこそ、デモが大統領選の間中、続いていたのです。「選挙の票を集計し直すべきだ」「軍の政治介入をやめるべきだ」などの声が上がりました。

それというのも、二月十一日にムバラクが辞任した後に、さっそく国防相のタンターウィが議長を務める国軍最高会議が憲法改正に動いたからです。ムバラクが辞任した四日後の二月十五日に起草された改正案は、三月十九日に国民投票で承認されました。この憲法改正で軍が狙ったのは、大統領の権力を制限し、軍が実質的な支配を行えるようにするというものでした。

しかし、八月十二日、ムルシー大統領は国軍最高会議のタンターウィ議長とサミ・アナン副議長を更迭しました。この人事で、長らく続いていた政府と軍の二重権力が解消されたことになります。ムルシー大統領は文民大統領として権力を握ったという点では、エジプト革命で国民が願った夢を一つ叶《かな》えたことになります。

しかし、ムルシー大統領は同時に軍が主導した憲法改正を無効とし、再び権力を大統領に集中させました。そのため、ムスリム同胞団に支持基盤を持つムルシー政権に警戒感を持つリベラル派の国民もいます。今後、リベラル派が変化を望んでも、保守的な現政権は認めないのではないか、という危惧があるからです。

●ムスリム同胞団とは組織ではない

チュニジアでもエジプトでも「ムスリム同胞団」系の候補が選挙で勝ちました。アラブに関するニュースでよく「ムスリム同胞団」という名前の団体が出てきますが、どんな団体なのでしょうか。

実は、ムスリム同胞団は一つの組織ではなく、一種のムーブメント、運動体です。

ムスリム同胞団と名乗る条件として、イスラム教をもとにしていること、スンニ派の宗教指導者が作ったドクトリンに基づいて行動することが挙げられます。彼らがめざしているのは、預言者ムハンマドの教えや生活習慣に従った生活をするスンニ派的なイスラム社会の実現です。

ムスリム同胞団は英語で言えば「ムスリム・ブラザーフッド」。スンニ派のイスラム教徒たちは兄弟であり、その兄弟たちが集まって、スンニ派的な世界をつくっていこうというムーブメントなのです。

しかし、一つの組織ではないのでその目標を実現するための手法は、国や地域によって異なります。たとえば、シリアのムスリム同胞団は軍事的組織です。一九八〇年代からバスに爆弾を仕掛けて爆破するなど、テロ活動を行っています。エジプトでは、軍事的な行動を行うことはありませんが、かつて、サダト大統領を暗殺したのはムスリム同胞団のメンバーでした。パレスチナのハマスも、もともとはムスリム同胞団から始まった組織です。

実はPLO議長だった故・アラファトもムスリム同胞団の活動に参加していました。アラファトは若い頃、エジプトで勉強し、エンジニアの仕事をしていたことがあります。その当時、アラファトはエジプトのムスリム同胞団の活動に関わりがありました。

また、ムスリム同胞団は一つの大きな組織ではないので、アラブのどの国にもあって、その国の条件に応じた主張、活動ができます。ローカライズしやすいのです。

ムスリム同胞団は一つの組織ではないメリットを最大限に生かしています。組織になると、会員になるかならないか、会員になった後の会則のしばりなど、窮屈なことが多くなります。会の中での権力闘争も起こりやすい。しかし、ムーブメントであれば、そのときどきの流れで参加すればいいので、組織で義務を果たすプレッシャーも与えられず、自分たちの要求がしやすくなります。組織化されていないもうひとつの理由には、政教分離(世俗主義)政権があります。アラブ民族主義政権からすると、宗教に基づいた政治を行なおうとする野党のムスリム同胞団を禁止せざるを得ないからです。

また、イスラム教徒は毎週金曜日にモスクで礼拝があるので、そのときにムスリム同胞団の活動を宣伝することもできます。普通の人々にとって親しみやすいのです。

このようにイスラム社会でムスリム同胞団の主張は広がりやすいのですが、彼らの主張が一般市民の自由や権利をせばめる方向へと向かう危険性があります。

たとえば、エジプトでムスリム同胞団が要求しているのは、女性が結婚できる年齢を引き下げることです。現行では十八歳ですが、十四歳に引き下げようとしています。このことがなぜ問題かというと、十四歳で結婚し子育てに追われてしまうことは、女性は教育を受ける機会がそれ以上なくてもいいと言っていることに等しいからです。そのほかにも、スンニ派イスラム教の教条的な部分を法律に反映させると、時代に逆行するような社会になってしまう危険性があります。

また、ムスリム同胞団以上に保守的な思想を持っているのがサラフィです。

サラフィとは、イスラム教原理主義者の一派です。預言者ムハンマドが生きていた頃の七世紀の社会を理想とし、イスラムの教えをもとにした共同体を作ることをめざしています。

エジプトではサラフィとムスリム同胞団が同じ政党を支持しています。ムスリム同胞団＋サラフィ系の政党の議員数は国会で約七割を占めているので、どんな法案でもすぐに通せてしまう状況です。

国会議員選挙が終わったとき、リベラルな若者たちは「大統領選でリベラルな候補が勝てば希望はある。大統領が拒否権を発動すれば保守的な法案を拒否することができる」と思っていました。しかし、結果はムスリム同胞団とサラフィの支持を受けた候補者が勝利しました。大統領までがイスラム主義者になってしまったのです。次に大統領が改選される四年後まで、エジプトは大きな変革の波にさらわれることになるでしょう。むしろ、これからのほうがたいへんです。

●イスラエルの主張を容認するムスリム同胞団

イスラム教スンニ派の宗教的精神に則《のっと》った政治を行い、社会を変革する——ムスリム同胞団の考え方は、イスラム教を信仰するアラブ全体を視野に入れた考えのように思えます。

しかし、ことイスラエルとの関係についてはそうともいえないようです。彼らはイスラエルとは友好的な関係を維持すると発言しています。イスラエルがパレスチナの「同胞」の土地を奪い、いまも闘い続けている「同胞」がいるにもかかわらず、イスラエルとの関係を変えようとは思っていません。

ムスリム同胞団に限らず、ビン・ラディンやアルカイダのようなイスラム原理主義と呼ばれる人たちはしばしばイスラエルを非難します。パレスチナのために自分たちは戦っているのだと。

しかし、ビン・ラディンたちがイスラエルに対して直接対決を行ったことは一度もありません。アメリカに対しては、９・11のような大きなテロ事件を起こしましたが、イスラエルには触れたことはありません。イスラエルを敵に回そうとはしないのです。

彼らはパレスチナ問題、イスラエル批判を引き合いに出し、支持者を増やす方針です。

なぜなら、ムスリム同胞団を含むイスラム原理主義者たちの目的は、政治権力を奪取して、自分たちの考える社会をつくることです。つまり、権力闘争に勝つことが彼らの目的です。シリアのムスリム同胞団、サラフィまでもが「私たちはアメリカ、イスラエルに敵対する行動はしません」とイスラエルのテレビのある番組ではっきり発言しています。エジプトの新大統領ムルシーもイスラエルとのキャンプ・デービッド和平合意を守ると、就任後、発言しました。

一九八一年にエジプトのサダト大統領が暗殺されるという事件が起きましたが、犯人はムスリム同胞団系の団体に所属していた軍人でした。サダト大統領は一九七九年に、それまでパレスチナ問題をめぐって対立していたイスラエルと和平条約を結びます。仲介役はもちろんアメリカです。そして、このことはアラブ社会に衝撃を与えました。なぜなら、パレスチナ占領が続くなか、問題が解決されないにもかかわらず、アラブの敵であるイスラエルと和平を結んだからです。サダトを暗殺した軍人は、イスラエルとの和平条約を結ぶことに反対でした。しかし、彼は所属していた団体の総意でことを起こしたのではなく、むしろ、組織として何もできないことへの無力感から、大統領暗殺を思い立ったようです。

ムスリム同胞団にせよ、サラフィにせよ、イスラム原理主義者はアメリカやイスラエルにとってもはや真の脅威ではありません。また、ムスリム同胞団も、アメリカ、イスラエルと敵対することで世界から孤立することを恐れています。

パレスチナのハマスはイスラエルと敵対する唯一のイスラム原理主義グループですが、その結果、世界から孤立してしまい、国際社会の中で窮地に陥っています。

ムスリム同胞団はリアリスティックにものごとを考えるプラグマティストたちなのです。ハマスを含むムスリム同胞団はイスラエルを認め、停戦状態であると考えているのです。人気取りのためにはイスラエルに対して批判的なことも発言しますが、基本的にはアメリカ、イスラエルの主張を容認しています。こうしたプラグマチックな同胞団の考え方は、欧米と協調しつつ一方で、ハマスのイスラエルにおけるイニシアチブを支援強化していきます。当面はアラブ全域での同胞団の拡大が目指されているようです。

ほかの国のムスリム同胞団の場合でも同様のことが確認できます。二〇一二年六月に、イスラエルのテレビにシリアのイマーム（宗教指導者）が出演しました。アブドラ・タミーミ師というサラフィ主義者です。彼はテレビで「私たちの敵はイスラエルじゃありません。シリアの大統領が敵なんです」と発言しました。かつてはアラブ社会の反発を恐れてイスラエルとの融和的な発言は控えていましたが、いまでは堂々と発言しています。

したがって、イスラム原理主義者が選挙に勝つことで、ふたたびエジプトとイスラエルの間に緊張関係が生まれるということは当分はないでしょう。

●アラブ全人口の約三割を占めるエジプト

「アラブの春」が日本で大きく報道されるようになった当初は、私も本当にアラブに春が来た、という印象を持っていました。とくにエジプトが加わったことが「春」を印象づけました。

エジプトはアラブの全人口の約三割を占める大国です。エジプトはこれまでアラブを代表して欧米との交渉の窓口になったり、イスラエルとの交渉で大きい役割を果たしてきました。

近年のエジプトはすっかり欧米寄りになっていましたが、この「革命」でアラブ寄りになるのではないかという思いで革命に参加した若者たちも多かったと思います。また、エジプトの存在感が大きいため、ほかのアラブの国々の人たちもエジプトで起こりつつある革命に期待し、応援していたのです。

しかし、ムバラク大統領が倒され、これからいろいろなことが変わっていくのかと期待させたところで、憲法改正の方向、大統領選を行うにあたって、立候補者はどのように選択されるのか、という細かい議論になったとたんに、これまでとあまり変わっていないことにがっかりさせられました。

ムバラクという個人は倒されましたが、システムにひそむ軍が政治を握る旧体制のやり方が変わるわけではないということがわかってきたからです。いまでは、ムバラクはスケープゴートとして政権を追われ、罪を問われているだけではないか、とアラブの多くの若者たちが感じています。

これでは「アラブの春」ではなく、あいかわらず「アラブの冬」のままではないか、という声をよく聞きます。

「アラブの春」がメディアをにぎわせ始めた頃の高揚感は消え去り、これからどうなるんだろうか、と不安を感じている人たちが多いというのが実態だと思います。

●パレスチナで起きた小さな「革命」

パレスチナでもかつて、「アラブの春」と同じことが小さいスケールで起こりました。

長らくパレスチナ解放運動をリードしてきたパレスチナ解放機構（PLO）内の最大政党である「ファタハ」が二〇〇六年の選挙でイスラム原理主義政党の「ハマス」に倒されたのです。

ファタハはパレスチナの暫定政府を担い、政治を司《つかさど》ってきましたが、警察官、教師などの公務員はみなファタハに所属していました。ファタハに入ることで職が得られる、出世ができるということをみんなが知っていたので、どんなことでもファタハを通すことになってしまいました。そして、お定まりの腐敗が始まりました。

この腐敗に対して、パレスチナ人たちはNO！　と言いました。初めて行われた選挙で、ファタハではなく、対立していたハマスに票を入れたのです。

ハマスは権力を取る前、医療や食料品などの分野で福祉的な事業を行っていて人気がありました。その原資になったのは国際的なムスリム同胞団とのネットワークでした。

イスラム教には毎年、ザカート（喜捨）をしなければならないという義務があります。そのお金は貧しい人たちに分配されるわけですが、そのうちの一部がパレスチナの貧困層にハマス経由で福祉に回されていました。

しかし、ハマスも権力を握ったとたんに、イスラエルとの闘いを一方的に停戦し、ガザ地区の住民のイスラム化に夢中になってしまいました。イスラム的価値観の押しつけが始まったのです。ガザ地区に封じ込められていたという事情はあったにせよ、内向き志向になってしまいました。国際社会は民主的に選ばれたハマス政権を認めず、イスラエルはガザ地区を完全封鎖することによって、ハマスの統治能力を妨げたのです。

そうした状況を見ているからこそ、エジプトやシリアのムスリム同胞団はイスラエルと友好的な関係を維持することに腐心しているのです。

●なぜイスラム社会は腐敗しやすいのか

チュニジアとエジプトの「革命」についてここまで述べてきました。両者ともに共通するのは、国民が行動を起こすきっかけになったのが、若者たちの失業率の高さ、政府の腐敗です。

失業率が高い背景には、政府が富の分配を公正にしていないということもあるでしょう。つまり、どちらの問題も、政治的には政府が国民に不公平な現実を押しつけていると見ることができます。では、なぜ、どちらの国の政府も腐敗しやすかったのでしょうか。

これはチュニジア、エジプトだけでなく、アラブ全体に言えることですが、イスラム社会は歴史的に封建主義的な時代の規範を滞びて成長してきました。領主がいて富と権力がそこに集中する仕組みがまずあり、領主が集まってきたお金や仕事を配下たちに配っていく。コネが有効な社会になっているのです。

このシステムは、かつてのイスラム社会では良い面もありました。イスラム教に、収入から一定の「ザカート（喜捨）」をせよ、という教えがあるように、強い者、富める者が、貧しい人たちに手をさしのべるような側面がうまく機能していた時代があったのだと思います。

しかし、近代的な社会のなかでは、こうした仕組みは腐敗を生む温床になります。現代のアラブの国々では、結果的に権力とお金を特定の人に集中させる社会システムが出来上がってしまったのです。

ムスリム同胞団はそのことに憤り、「イスラム的な価値観を取り戻せ」と主張するようになったという側面もあるのです。

イスラム社会に特有な封建的遺産のシステムを利用し、自分たち一族や仲間のためにだけ使おうとする権力者たちと、彼らを批判し、古き良きイスラム社会をもう一度実現させようとする人たち。そして、彼らとは別に、リベラルな考え方を取り入れて、社会を民主的にしていこうと考える人たち。こうした考え方を持つ人々が入り交じっているのがいまのアラブ社会の姿なのです。

第3章

メディアによって ねつ造された「アラブの春」～リビア内戦

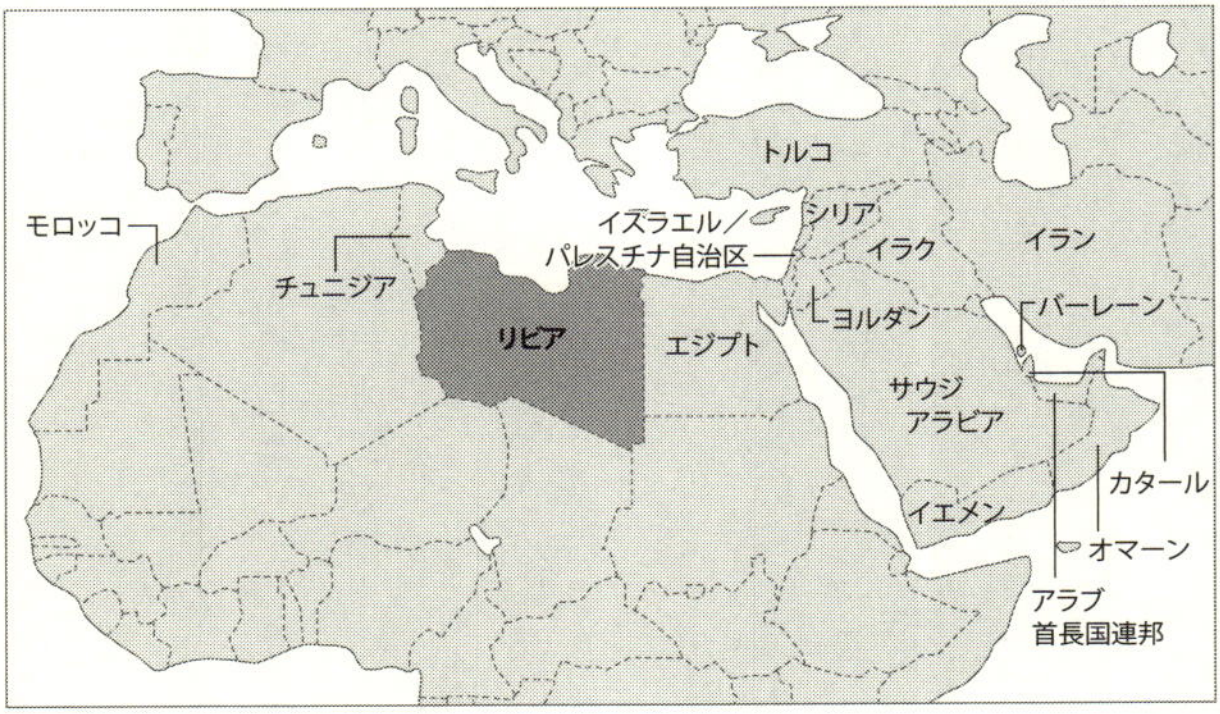

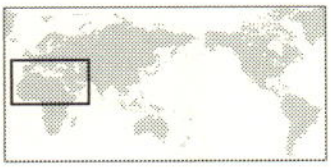

●カダフィは無慈悲な独裁者か

チュニジア、エジプトで長期政権が倒され、民衆が起こした「革命」に世界が沸きました。そして、その次に注目を集めたのが、リビアでした。

四十二年にわたって維持されてきたカダフィ政権が倒されたのです。メディアはリビアで起きたことも「革命」と呼び、「アラブの春」の一連の流れに位置づけて報道しました。

しかし、チュニジア、エジプトとリビアではかなり事情が違いました。

なぜなら、チュニジアのベン・アリー、エジプトのムバラクと、リビアのカダフィでは政治家としてやってきたことが大きく違うからです。

日本や欧米の報道では、カダフィは暴力的な独裁者というイメージですが、かならずしもそういう一面だけで語られるべき人物ではありません。

実は、カダフィは以前から世界中の革命勢力や、民衆運動を支える人物でした。

中東の指導者のなかでも、欧米の顔色をうかがったり、ほかの中東の指導者の様子を見たりする人たちとは違って、思ったことをはっきりと口にするリーダーとして知られていました。ベン・アリー、ムバラクと比べれば、リビア国民から支持されてきた人物です。

パレスチナ問題に関しても、解放運動を支援していたので、アラブの一般の人たちの間で80年代までは評価が高い指導者でした。もっとも、政権末期には見方が分かれましたが。

これは日本で聞いたことですが、日本のようなアラブ以外の地域でも、一九八〇年代までは一部で人気のある指導者だったようです。とくに多くの国でピープルズ・パワーが爆発した一九六〇年代、七〇年代は反核運動などの民衆運動を、カダフィは地域にかかわらず支援していました。たとえば、あまり日本では知られていませんが、イスラムのインドネシアやフィリピンの民衆運動ばかりかオーストラリアの労働組合に資金援助をしていたことが知られています。

リビアは石油が採れるため、潤沢な資金があったこともあり、金銭的な支援は世界各地で行なっていました。いま日本で盛り上がっているような、世界各地で起こった反核、反原発運動も黎明期の頃からサポートしていました。

ですから、カダフィは世界的に見ても、決して悪いイメージの人ではなかったのです。むしろ、アメリカという超大国に対してモノ言うことができる数少ない指導者として英雄視される側面もあったのです。

今回の「革命」が起こっている間の世論も、カダフィに対する見方はマイナスばかりではありませんでした。とくに年配の人たちはカダフィがやってきたことに対して一定の評価を与えている人が多かったと思います。

●ナセルにあこがれていたカダフィ

ただ、政権末期にはたしかに首をかしげざるをえないような発言が増えたのは事実です。やはり長い間、政権の座にあったので、批判が耳に届くことがなくなり、自分の妄想だけがふくらんでいったのかもしれません。とはいえ、カダフィがこれまでやってきたことまで否定するわけにはいかないと思います。

カダフィは二十七歳のときに軍事クーデターを起こし、政権を奪取します。若くハンサムな革命家として世界的に注目されました。チェ・ゲバラのような革命のヒーローでした。カダフィがクーデターを起こした一九六九年は、世界中を革命運動が席巻《せっけん》していた時代。政治の季節でした。アラブも例外ではなく、アラブ・ナショナリズムが勃興《ぼっこう》し、大きな民衆運動になっていました。アラブ・ナショナリズムについては後で詳しく説明しますが、アラブ・アイデンティティを持つ人たちで団結しようという考え方です。

カダフィはその当時、エジプトのナセル大統領にあこがれる青年でした。

ナセルはスエズ運河の権利をエジプトのものにし、欧米からのアラブへの影響力を排除しようとしたアラブの英雄で、アラブ・ナショナリズムの象徴的な存在でした。

カダフィはアラブ・ナショナリズムに関心を持つと同時に、イスラム教への信仰を大事にしたいと考えていました。アラブ・ナショナリズムは宗教は別にして、アラブにアイデンティティを求めるものでしたが、カダフィはアラブ・ナショナリズム＋イスラム教というイデオロギーを考え出し、「緑の本（グリーン・ブック）」という一冊の本にまとめ、政権運営の要《かなめ》としました。

リビアの人たちにとっても、アラブ・ナショナリズムとイスラム教はどちらも理解しやすい考え方でした。ほとんどの国民がその両方に自分のアイデンティティを投影できたからです。

アラブ・ナショナリズムはアラブの近代化のために重要な考え方でしたが、政治と宗教を分離するという考え方に違和感を持つアラブ人たちも少なからずいました。アラブ・ナショナリズムは欧米の近代的な政治システムに追いつこうという考え方から生まれたものです。しかし、欧米社会におけるキリスト教とは違い、イスラム教は信仰だけでなく社会規範も含む宗教なのです。昔ながらの暮らしになじんでいる人たちにとっては、アラブ・

ナショナリズムによる「近代化」によって、イスラム的な社会規範が無視されることに不満があったのです。

カダフィの考え方は、アラブ・ナショナリズムに飽き足らない思いをしていた人にも、イスラム的な考え方を尊重していると支持されました。

●アラブ・ナショナリズムとはなにか

アラブ・ナショナリズムが政教分離だと述べましたが、それには理由があります。たしかにアラブはイスラム教徒がマジョリティを占めますが、イスラム教のなかでもスンニ派、シーア派、アラウィ派のように宗派がありますし、ほかにキリスト教徒やユダヤ教徒などが大勢住んでいます。

では、そうした宗教の違う人たちが友好的に団結するためにはどうすればいいか。そこで共通の基盤として浮かび上がってきたのが「アラビア語」でした。

西はモロッコから東はイラクまで、アラビア語を話し、同じ歴史を共有できる民族がつくった国が連なっています。宗教を分離すれば、アラブ人の国同士で団結できる。そうすればヨーロッパやアメリカに対して対等の関係を築けるのではないか。そのための思想がアラブ・ナショナリズムなのです。

地図を見ていただければわかりますが、リビアでもエジプトでもサウジアラビアでも、国境線がまっすぐに定規で引いたようになっています。それは、イギリスやフランスなどが地図の上に勝手に引いた国境だからです。

アラブには国境をまたいだ親戚《しんせき》同士がいくらでもいます。国境よりも部族、親族の絆《きずな》が強いのがアラブの伝統です。欧米の植民地主義に対して、アラブで団結し、欧米からの干渉を排除し、対等に話し合えるようにしていこうというのがアラブ・ナショナリズムなのです。

日本で「ナショナリズム」といえば、日本民族の優越のもとにアジアを支配した戦前の歴史が思い浮かびます。戦後の日本はその反省のうえに新しい日本をつくってきたはずでした。しかし、現在も、アジアの国々の側から見たときに、日本が差別的、排他的なナショナリズムを持ち続けていると思われているのも事実です。自分たちのほうがアジアの国々より上だという意識や、かつての侵略を肯定するような意識が、政治家の言葉の端々からうかがえるからです。

しかし、アラブ・ナショナリズムが今も肯定されているのはむしろその逆だったからです。差別排除ではなく、融合をめざしてきました。

欧米の帝国主義、植民地主義によって勝手に国境の線を引かれたけれど、エジプト人、パレスチナ人、ヨルダン人、イラク人と、国単位で分裂した意識を持つのではなく「私たちは一体感を持ったアラブ人だ」という共通の意識を持とう、という考え方なのです。ここには排除の論理は働きません。アラブ人がほかの民族よりも優位にあるという意識もありません。

アラブ・ナショナリズムは排除の論理を持たせないために宗教を問わないのです。キリスト教徒もユダヤ教徒も入って来られるイデオロギーです。

●西はモロッコから東はイラクまで広がるアラブ

では、「アラブ」とはどのように定義づけられるのでしょうか。

先ほど私は「西はモロッコから東はイラクまで、アラビア語を話し、同じ歴史を共有できる民族」と書きました。しかし、アラブを正確に定義づけるのはなかなか難しい問題です。私が大学で論文を書いたときにも、アラブを定義づけるためにさまざまな考え方を検討する必要がありました。

最終的な結論としては、「アラビア語を話す」か「代々、アラブの祖先を持つ」かというどちらかの条件にあてはまる人々だとしました。

しかし、「アラビア語を話す」はともかく、「代々、アラブの祖先を持つ」が難しいのです。

イスラムが広がる前はレバノン、パレスチナ、イラクなど、いろいろなアラブの国々に、先祖からアラブではない人たちが住んでいました。アラブ民族はサウジアラビアなど湾岸を出自とする民族なのですが、その前にいた別の民族や、その後にやってきた人たちと徐々に融合して、いまのアラブになっています。「代々、私はアラブ人」とはっきり言える人もいますが、かならずしもみんながそうではありません。

アラブに住んでいるけれど、先祖はアルメニア人、クルド人という人たちがたくさんいますし、ヨルダンにいるシャルカス、北アフリカのベルベル人など、いまだはっきりとアラブとはまた違う歴史を持っている人たちもいます。

オリジンはさまざまですが、アラビア語も話します。そして、アラブの地にやってきて、アラブと歴史を共有することになったのです。言語、文化、歴史を共有していることがアラブ人の定義だと思っています。

いまはアラブに住んでいなくても、欧米や、南米にもアラブ人はいます。イスラエルにもアラブ人はいるのです。自分たちのアイデンティティはアラブであると考える人たちが最終的にはそれがアラブ人だと私は定義づけています。

●イスラムのなかにある社会主義

リビアに話を戻しましょう。

カダフィはアラブ・ナショナリズムとイスラム教を政治の柱にしたと述べました。しかし、実はもう一つの思想を政治に取り入れています。それは「社会主義」です。カダフィは「イスラム社会主義」を掲げたのです。カダフィ政権下のリビアの正式名称は「大リビア・アラブ社会主義人民共和国」です。

アラブ・ナショナリズムとイスラム教、そして社会主義。なんだか不思議な取り合わせに感じられるかもしれませんが、アラブの人たちにとっては自然な組み合わせです。なぜなら、アラブ・ナショナリズムもイスラム教も、その思想のなかに社会主義的な部分があるからです。

アラブのナショナリズムはもともとイデオロギー的には社会主義的なのです。福祉国家をめざすというのがアラブ・ナショナリズムの政治的な主張でした。

そして、イスラム教のなかには、もともと富を分け合い、助け合おうという考え方があるので、社会主義とは相性がいいのです。

イスラム教には社会主義的な部分があると言いましたが、共産主義とは違います。共産主義は私有を認めず、すべてをみんなのものとして、それを共有しようという考え方です。つまり、同じ考え方に賛同したコミューンにおいてだけ可能になる考え方です。しかし、イスラム教は私有財産はもちろん、ビジネスも奨励しています。

ただ、儲《もう》けたお金は毎年、ある一定の割合（財産の二・五％）で、社会に還元しなくてはならない。それが「ザカート（喜捨）」というイスラム教の考え方です。

それ以外にも、イスラム教の習慣としてよく知られている「ラマダン（断食）」に社会主義的な考え方が表れています。

断食することの意味は、セルフ・コントロールの大切さを実感することです。自分のなかにある「欲しい」という欲望をどうやってコントロールするかを学ぶための習慣なのです。実はこの「欲しい」は食べ物だけではありません。ラマダン中は、食べ物だけでなく、自分の欲望をすべて我慢する。また、同じ理由でラマダンの時期には結婚は好まれません。

嬉《うれ》しいこと、喜ばしいことはなるべくしないようにします。

また、ラマダンには、自分がいくら裕福であっても、貧しい人たちの気持ちがわかるように断食を経験するという意味もあります。お腹を空《す》かすことで、のどを渇かすことで、疲れることで、食べるものが買えない人たちの苦しさが想像でき、みな同じ気持ちになるのです。

また、イスラム教では一生に一度はメッカに巡礼することが好まれていますが、巡礼では、真っ白いシーツのみを身体に巻くだけなのです。なぜそのような姿で巡礼するかというと、神の前ではみな同じという考え方からです。王様であろうと大統領であろうと、労働者であろうと、同じ姿で同じようにカアバの周りを七周してお祈りをします。神の前ではみな平等であるという考え方は社会主義的な平等精神に通じます。

●リビア国内における西と東の「権力闘争」

カダフィはアラブ・ナショナリズムとイスラム教、どちらにも合った社会主義的なイデオロギーを政策に反映させ、福祉国家をつくり上げました。しかし、「革命」をめぐる報道で全世界のテレビに報道されたカダフィの姿は、派手なファッションをまとい、エキセントリックな発言を繰り返す独裁者でしかありませんでした。

報道では、チュニジアやエジプトのようにリビアでも革命が起こったとされていますが、この章の冒頭で述べたように、チュニジア、エジプトとリビアではだいぶ実情が違いました。

リビアはアフリカ大陸で四番目に広い国土を持っている大きな国ですが、東（キレナイカ）と西（トリポリタニア）、南（フェザーン）に分かれています。それぞれ別の部族で、文化や歴史が異なっています。過去には敵対していた関係です。

第二次世界大戦後の一九五一年に、英仏の共同統治から独立したときにできたリビア連合王国（一九六三年からリビア王国）は、東（キレナイカ）の王様だったイドリースが統治する国でした。リビアの東側の部族、地域を代表するリーダーだったのです。イドリースは東と西を統合して、リビアを一つの国にしました。

それから十八年後に、カダフィがクーデターを起こして政権を握ります。カダフィは西（トリポリタニア）を代表する大きな部族の出身でした。つまり、このクーデターには、東と西の部族の権力闘争という側面もあったのです。

その後、四十年以上が経ちましたが、東の人たちにとっては、西に政権を奪われたという意識が消えませんでした。

報道では、リビアの「革命」が始まったきっかけがこう伝えられています。

二〇一一年二月十五日に起こった、拘留されていた人権活動家の弁護士の釈放を要求するデモです。たしかにこれまでも政治犯の逮捕や拘留はたびたびあったことなので、「アラブの春」に刺激されてデモが起こったことは不自然ではありません。しかし、このデモが起こったのが東部（キレナイカ）のベンガジだったことを覚えておくべきでしょう。

また、拘留されていた弁護士も、国内での政治活動が法に触れたというよりも、ヒューマン・ライツ・ウォッチなど欧米の人権擁護団体にカダフィ政権に不利な情報を流し、国内を混乱させる要因になったということを理由に逮捕されていました。

今回、リビアで起こったいわゆる「革命」では、デモや暴動は東側の人たちが西側に対して攻撃を仕掛けるようなかたちで起こっていました。つまり、リビアはチュニジア、エジプトと違い、「革命」ではなく「内戦」だったのです。

「カダフィ」という名前は、部族名です。カダーフという西でいちばん大きな部族で、しかもカダフィは、そのリーダーの血筋でした。カダフィは政権の基盤が自分の出身である西にあるとよくわかっていたので、東と南への気遣いを忘れませんでした。南はトゥアレグという遊牧民が有力な部族だったので、彼らと友好関係を築きました。また、東の人たちにも不満を感じさせないように経済的なケアを怠りませんでした。しかし、それでも、すきあらば西側から権力を奪取したいという思いが東側の人たちにはあったのです。

東に対して西がクーデターを起こしたという歴史的経緯を知ると、その後、東側が貧しい生活を送っていたのではないかと思われるかもしれません。

しかし、経済の中心地はあいかわらず東側にありました。どちらかというと、西側にある首都トリポリよりも、東側の中心都市のほうが経済的には潤っていました。かならずしも国の社会主義政策によって彼らの経済活動が抑圧されていたわけではありませんでした。

ただし、東側の反カダフィ勢力に対して、カダフィ政権は強硬な姿勢を取っていました。とくにここ十年ほどは、東側のカダフィ政権への抗議の声が高まるにつれて、その報復として予算の分配が減らされるようになっていました。

東側の部族の人たちがチュニジア、エジプトの革命を見て、自分たちもカダフィ政権を倒そうと考えたのも、そうした不満があったという背景もありました。たしかにその点では「アラブの春」と連動した部分もあったと思います。しかし、そうした一般国民の思いは忘れられ、いつの間にか外国勢力を巻き込んだ内戦に突入してしまいました。

●世界でも類を見ないほどの福祉国家だったリビア

これまでに、チュニジアとエジプトで革命が起こった理由として、「若者たちの失業率の高さ」と「政府の腐敗」を挙げました。しかし、リビアの場合は状況がだいぶ違いました。

リビアの場合は、教育に関しては大学まで無料。医療費、電気代、水道代も無料。家やクルマを買うときのローンも国が半分援助してくれます。私が知る限り、世界でもっとも豊富な福祉国家だったと思います。しかも、スカンジナビアの国々のように高い税金を払ったうえで得られる福祉サービスではなく、石油が採れることによって実現した福祉なので、国民のふところが痛むことはありません。

ただ、経済面が充実しているとはいえ、国民にも不満がないわけではありませんでした。一つは、チュニジア、エジプト、そして長期政権が続く他のアラブ諸国と同じように、長年続いた政権の腐敗です。そしてもう一つは、石油が採れて外貨を稼いでいるのに、同じように石油が採れるサウジアラビアやバーレーンに比べると、物質的な満足度が低いということでした。

カダフィは大学、病院、高速道路など生活に必要なインフラよりも外交やカダフィ個人の政治的影響力を高めるためにお金を使っていました。アフリカの国々や反米の国々を援助していました。なぜなら、カダフィのイスラム的な考えでは資本主義的なお金の使い方に対するアレルギーがあったからです。また、リビアは長い間、アメリカの呼びかけで制裁措置を受けていて、資本主義社会の企業からの投資を受け入れていなかったのです。

アフリカの国々と良好な関係を保ち、影響力を持つためにカダフィはかなりのお金を使っていました。そのため、いまでもアフリカではカダフィの人気は高いのです。欧米やほかのアラブ諸国のカダフィの銀行口座が凍結されたときも、南アフリカ共和国は凍結しませんでした。その後、アメリカやヨーロッパから圧力をかけられて口座を凍結したのですが、バーレーンやカタールのように、カダフィ政権を倒そうとしている国民評議会の側にお金を流すようなことはしませんでした。リビアの反政府国民評議会がカダフィ政権打倒のために武装できたのは、国外にあった国債やリビア国の資金を使って武器を買うことができたからです。リビアが内戦状態に突入したのは、明らかに外国のそうした陰の支援があったからです。

チュニジアのベン・アリーや、エジプトのムバラクはスイスやヨーロッパの銀行に隠し口座を持っていました。しかしカダフィの資産とされたものはあくまでリビアの国債を指していました。カダフィが亡くなった当時、海外に莫大《ばくだい》な資産を持っていたと報じられましたが、カダフィの私有財産として口座があったわけではないのです。たとえば、ファイナンシャル・タイムズやペンギン出版社に投資している、サッカーチームのユベントスに投資しているなどなど。国家名義の銀行口座や投資だったからこそ、口座を凍結するのが簡単だったのです。

ムバラクの場合は、個人口座だったために、凍結したり没収するためには法的にムバラクを有罪にするまで待たなければなりませんでした。しかし、カダフィの口座だと言われたものをすばやく凍結して、そこから資金が反カダフィ派の国民評議会に流れたということは、その口座がカダフィ個人のものではなかったことを証明しています。

しかし、マスメディアはカダフィが隠し財産を持っていると大々的に報じました。つまり、あの時期の報道は政治的なものでした。そのために何をどのような表現で報道するかはすべてカダフィ政権を倒すという目的に沿って決められていたのです。

●時代とともに変貌したカダフィ

では、なぜリビアは欧米を始めとした世界中のメディアからバッシングされたのでしょう。

一九八六年に、カダフィ大佐の自宅が米軍からピンポイントで空爆された事件がありました。アメリカがレーガン政権の時代です。このとき、カダフィは養女を亡くしました。この当時、アメリカがカダフィに対して直接的なテロを行ったのは、カダフィが欧米社会に敵対し、ソ連や極左グループの援助をしたうえ、直接の理由になったのは西ベルリンのディスコテックの爆破にリビアの大使館員が関与していたとされたからです。パレスチナ解放機構（ＰＬＯ）などの反米、反イスラエルの組織に資金援助をしていたからです。

しかし、一九九〇年代に入って、カダフィは外交政策を大きく転換します。欧米社会に対する挑発的な発言は影を潜め、アラブ・ナショナリズムの現状に対して失望感をあらわにし始めます。アラブ諸国はアラブを名乗りながら、アラブのために働こうとしないし、欧米やイスラエルの顔色をうかがうような政策に終始するようになり、エジプトのナセル大統領が打ち出したイデオロギーはなくなり、いまのアラブ諸国のリーダーたちの下で、アラブが独自の政策を実現することはできないだろう、と考えるようになりました。

そこで、カダフィは、「リビアはアラブではない」という姿勢を取るようになりました。

リビアはアラブ諸国との外交は続けるが、アイデンティティはアフリカにある、と。アフリカ外交に力を入れるようになり、リビアがアフリカの中で何をできるのか、という考え方に変わっていきました。顔を向ける方向がアラブからアフリカへと変わったのです。その背景にはアフリカが持つ豊かな資源があるのは間違いありません。

二〇〇〇年代に入ると、欧米との外交に積極的になり、核査察を受け入れ、核兵器の廃絶に動き出します。あるいは、一九八八年にイギリスのロカビー上空で飛行機が爆破されたパンナム機爆破事件でも、リビア政府は関与していないと表明しつつ、裁判でリビア人の被告一人が有罪になると、乗客の遺族などに賠償金を支払い、犯人二人の身柄をイギリス政府に渡しました。

一九七〇～八〇年代はアラブ・ナショナリズムに肩入れしていたカダフィは、九〇年代はアフリカとの外交、そして、二〇〇〇年代は欧米との外交へと変化していきました。

なぜ、欧米と対話を始めたカダフィに対して、バッシングが始まったのか？

実は、そこには報道から見えてこない理由があったのです。

●「アフリカ合衆国」構想のインパクト

誰もが最初に思いつくのはリビアが持つ豊富な資源です。

リビアは石油、天然ガスを産出するので、その利権を目当てにした外国からの支援を得た反政府勢力が、カダフィ政権打倒に立ち上がったというものです。イラクのフセイン政権が倒された「イラク戦争」（二〇〇三年）と同じことがリビアでも起こったのでは、という見方です。

リビアの石油、天然ガスの採掘は国有会社が担っており、海外からの投資には制限がありました。油田の開発権をオークションにかけるというやり方でした。アメリカ、イギリスなどが、自分たちも参入したいがために、反カダフィ勢力を応援したのではないかと考えるのは当然でしょう。たしかにそういう側面もあったはずです。

さらに、欧米がリビアのカダフィ政権に脅威を感じていた理由があるのです。

一つはリビアと中国の接近です。アフリカへは中国系の企業がたくさん投資していることが知られていますが、リビアへも多額の投資をしていました。それも、鉄道、不動産開発など社会のインフラストラクチャーに関わる部分にかなり投資をしていました。アメリカやイギリスが中国の投資に対して懸念を持っていたことは間違いないでしょう。

リビアと中国はともに社会主義国です。また、どちらも欧米の植民地支配を受け、帝国主義に辛酸をなめさせられた歴史を持っています。その点でも、両国の関係はうまくいっていました。中国人がたくさんリビアに移住し、リビア人に対して技術供与を行ってもいました。市民レベルでの交流もあったのです。アラブ、中東の人々は欧米の人たちに対して帝国主義の被害を受けた過去を生々しく覚えています。それだけに、欧米の人たちよりも、アジアの人たちのほうがつきあいやすいというのは皮膚感覚としてあるのです。

リビアと中国の接近は、アフリカとアジアでそれぞれ力を持つ国が手を組み、新たな脅威となる可能性をはらんでいました。

もう一つ、決定的な要因として、一九九〇年代からリビアが力を入れていた、アフリカ利権をめぐる問題があります。カダフィがアフリカのなかで得ていた独特の地位と影響力が問題になってきたのです。

カダフィは二〇〇九年に、「アフリカ連合（African Union）」で総会議長を務めました。アフリカ連合は五七の国と地域が参加している国家統合体です。

一九九六年からアフリカ外交に注力していたカダフィは、アフリカ連合で「アフリカ合衆国（United States of Africa）」構想を推し進めていました。

アフリカは世界中のどの地域よりも資源が豊富な地域です。しかし、政情が不安定だったり、欧米などの先進国からの介入があったりして、自分たちの資源を満足できる価格で世界に対し売ることができませんでした。そこでカダフィたちは、アフリカを一つの連合体としてまとめ、欧米やアジア、中東に対して対等につきあえるようにしようと考えました。

そして、その第一歩として、二〇一〇年に、金本位のディナールという地域通貨を作ることを発表しました。この案は、一九九六年と二〇〇〇年に提案され、二〇〇九年三月にはドーハで行なわれたアラブ連盟の会議で、カダフィがアラブやイスラム諸国にイスラム的な考えに基づいた金本位のディナールに通貨を変えるように呼びかけたのです。

いままで、有力な国際通貨といえば米ドルかユーロでした。とくに発展途上国では米ドルの力は絶大です。アメリカにとって、ドルが基軸通貨である限り、足りなくなれば刷ればいい、打ち出の小槌《こづち》を持っているような状態が続いています。しかし、お金ではなく、普遍的な価値のある金を使うということになれば、アメリカやユーロ圏は大打撃を受けることになるでしょう。

イラクの元大統領サダム・フセインは二〇〇二年に石油の売買をドルではなく、ユーロで行うと発言しました。同じ年、アメリカによってイラク戦争が起こされました。石油の売買をドル以外で行うことがアメリカ経済にとって大きな痛手になることは予想できます。このことと戦争の関係は明言できませんが、事実としては覚えておく価値があると思います。

しかも、金の価格は毎日、相場で決められているので、所持している金の価値がすぐにわかる。それが二〇一〇年の末の会議で決まりました。そのタイミングで、リビアに「革命」が起こったのだとアフリカやアラブでは見られています。

●NATO空爆の「正体」

カダフィ政権下のリビアはいろいろな意味で、世界の常識とは違うユニークな国でした。たとえば、リビアには中央銀行がありません。世界を見渡せば、二〇〇三年の段階で四カ国（イラン、アフガニスタン、リビア、イラク）が中央銀行を設けていません。中央銀行は、ＩＭＦ（国際通貨基金）が世界のお金の流れを管理する必要がありますが、外国に借金をしていないリビアには必要ありませんでした。

つまり、ソヴリン・ファンド（国債）が投資に失敗しない限り、影響を受けないし、世界経済の変動の影響を受けずに活動ができる国だったということです。世界の中でも珍しい「独立国」だったのです。

しかし、国民評議会ができて間もなく国民評議会は中央銀行を結成すると発表し、石油投資のための新たな可能性をもうけると発言しました。その前提があったから、リビア国内に海外から武器がたくさん流れ込んできたのです。

実際にカダフィ政権が倒れると、国営企業が民営化され、続々と海外資本が参入してきました。

リビアが内戦状態に突入すると国際的な関心がいやが上にも高まってきました。そして、二〇一一年三月十七日、国連安保理がリビアへの空爆を容認する決議を行いました（このとき、中国、ロシア、インド、ドイツ、ブラジルは棄権しました）。そして、フランスを中心にしたＮＡＴＯ（北大西洋条約機構）軍のリビアへの攻撃が始まりました。

ＮＡＴＯ軍が空爆した施設は、リビアに取材に行ったジャーナリストによると、国民にとって必要なインフラだったそうです。鉄道、高速道路、病院、大学……。こうしたインフラは、内戦が終われば再建される必要がでてきます。そのとき、大きな投資資産が動くことは確実です。しかも、カダフィ政権が倒れたいま、外国資本が入ってくることを止めることはできないでしょう。

●リビア式民主主義とは

リビアの内戦に介入した外国軍はヨーロッパ、それもＮＡＴＯ加盟国の一部の軍隊にとどまりました。ＮＡＴＯ内でもリビア内戦への介入には意見が分かれたのです。アメリカもリビア内戦には距離を取っているように見せていましたが、それは表向きのことです。アメリカが参戦しなかった、と言っていますが、事実と異なります。

今回の「反乱」が起こった直後から、アメリカのＣＩＡは国民評議会の兵士の軍事訓練に関わっていました。一度、ＣＩＡの乗っているヘリコプターが墜落したことがあり、その事実がバレてしまったのです。しかし、そのことを取り上げたメディアはごくわずかでした。また、リビアで起こっていることの報道は大手メディアすべてが口をそろえているようなものでした。

チュニジア、エジプトの「革命」ではアルジャジーラを始めとしたメディアが、反政府側に立ち、革命を成功させるための大きな力となりました。

リビアでは、その力がより極端に発揮されました。しかも、意図的かつ巧妙にです。

欧米からリビアに行く記者たちは独裁者カダフィを印象づけるための報道しかしません。

それと反する事実は見聞きしても報じませんでした。

その一例を挙げると、欧米のメディアは「民主的な機関が一つもない国だ」と報じていました。リビアには国会がない、と。

たしかにリビアに国会はありませんでした。しかし、その代わり、昔のギリシアのようなダイレクト・デモクラシー、直接民主主義を行っていました。選挙で選ばれた代表者を国会に送るのではなく、国民が直接、意見を言い、その意見が吸い上げられます。ギリシア式民主主義と言われる、人類でいちばん古い民主主義のやり方です。

リビア国民は六四〇万人。国土からすれば少ないですが、とはいえ、全員が一度に集まることはできません。そこで地域ごとに「マジレス（Basic People's Congress 基礎人民会議）」という会議が開かれ、そこで国民の声が吸い上げられるという仕組みを持っていました。全国、地方、地域の要望や意見、問題点が出され、対策が話し合われる会議です。

このシステムはもともとイスラム教の教えのなかにありました。イスラム教は民主的ではない、というのはイスラム教を知らない人たちの一面的な見方です。イスラム教の世界では、大昔から、マジレスのために集まって、議論して、投票で結論を出すということを行なってきたのです。

たとえば、預言者のムハンマドが亡くなったときも、後継者を誰にするか、この方法で話し合いました。そのときはイスラム教徒すべてではありませんが、各地域の代表的なリーダーが集まって、後継者を決めました。

「民主的な機関が一つもない国だ」と報じるなら、このようなリビア式民主主義システムも合わせて報道すべきでした。しかし、欧米のメディアは偏見に基づいた反カダフィ報道を連発するばかりでした。

●批判を許さなかったカダフィ

とはいえ、カダフィ政権のイスラム式民主主義が時代とともに問題点を抱えていたことも事実です。

マジレスはローカルな問題を話し合うにはいい方法ですが、もっと大きな問題、たとえば、カダフィの政治体制についてや外交問題を議論しても、実際に反映されることはありませんでした。

カダフィと国民が直接話し合う場も設けられてはいました。各地域から代表者がカダフィに会いに来て、それぞれの要望や問題点を陳情するという場です。しかし、カダフィに提案を伝えることはできても、カダフィが納得して命令を下さない限り、ものごとが動かないのです。それでは専制国家の王と国民の関係と変わりはありません。こうした姿を、アラブの民衆運動や左派のリーダーたちも批判し、カダフィから離れていくようになりました。

加えて、カダフィは、それ以外の場でのカダフィ政権批判を許しませんでした。カダフィ政権下のリビアには、秘密警察の恐怖もあり、メディアで批判的なことを書けば、政治犯として逮捕されてしまいます。

政治犯として捕らえられた人たちに多かったのは、ムスリム同胞団のメンバーたちでした。イスラム教をもとにした政治を行っているリビアで、イスラム原理主義者たちが政治犯にされるというのは奇妙な話に聞こえるかもしれませんが、事実、ムスリム同胞団はリビア国内で反カダフィを掲げテロ事件を起こしていました。

メディアが伝えるカダフィ政権の姿が歪《ゆが》められていたことは間違いありませんが、その一方で、カダフィ政権もかつて表明していたような理想国家がつくれなかったことも事実です。国民の意思を尊重した社会主義的政策というには、カダフィは専横がすぎました。

一九六九年にともにクーデターを起こした戦友たちも追放し、一族支配を強めることによって権威を維持しようとしました。また、カダフィ一族を含めた政府高官やその家族を中心に腐敗があったことも事実でしょう。たとえば、カダフィやその一族、その取り巻きにコネがあれば、家を買うときの優先順位が上がるなど、取り巻きたちがどんどん優遇されていきました。

●次のリーダーをどう選ぶか

リビアにはそもそも国のリーダーを選挙で選ぶというシステムがありませんでした。

チュニジアやエジプトでは大統領選挙が行われていましたが、90パーセント以上の得票で大統領の再選が決まるなど、誰が見ても首をかしげたくなるような結果があたりまえでした。つまり、選挙で不正が行われていたことは常識でした。欧米などの先進国に大統領の正当性をアピールするための選挙と言っても間違いではありません。

世界から見ると、こうしたリーダーの君臨の仕方はやはり理解しづらいと思います。なぜ、アラブにはこんなにたくさんの独裁者がいるの？　という疑問を日本人が感じるのも無理もないとは思います。

しかし、アラブ社会では、リーダーの資質を持った人が長く権力を維持するという伝統がありました。強いリーダーがいることで社会が安定することを重視してきたのです。こころころリーダーが変わるよりも、力を持ったリーダーに任せておいたほうがうまくいくという考え方です。

私は欧米の民主主義が唯一の正しい政治システムとは言い切れないと思っています。たとえば、インターネットがこのまま発達していけば、現在のように代議士を選んで国会を開くような民主主義的システムは必要なくなるかもしれません。投票権を持つ人たちが、直接選挙によって政策決定に関与できるようになる可能性だってあるわけです。そうなれば、ギリシア式民主主義に近い、アラブ的な直接民主主義がより洗練されたかたちで実現できる可能性だってあると思うのです。

それに、民主主義と一口に言っても、その内実はさまざまです。大統領制と議院内閣制では違います。カダフィ政権時代のリビアで行われていた直接民主主義が原始的に見えるのは、その基準を欧米の民主主義観に置いているからであって、先ほども述べたように「リビアに民主主義がなかった」と断じるのは一面的な見方でしかないと思います。

先述したように、アラブでは、地域には地域のリーダーがいて、みんなの面倒を見る。そうした伝統的なコミュニティ中心の社会をつくってきました。そうした社会では、かならずしも欧米的な民主主義が必要ではなかったのかもしれません。

しかし、欧米の価値観が入り込み、アラブの人たちの考え方も変わってきました。欧米式の民主主義のほうが合理的だと考える人たちもいるのです。いまは、アラブ的な伝統を守っていくか、欧米式の考えを取り入れていくか、ちょうどその境目にあると思います。

アラブ人は自分たちの社会に一番似合う民主主義を考え出す必要があるのではないでしょうか。

カダフィは後継者へ政権を引き継ぐ準備は進めていました。カダフィの次男のサイフ・アル＝イスラームがその後継者と目されていました。イギリスで経済学の博士号を取得し、父の政策を批判し、民主化の必要を説くなどリベラルな考えをうかがわせる人物でした。そのため、国民からの人気もありました。リビア政府とイスラム原理主義者との和解を進めるなどの功績もありました。イスラム原理主義者の政治犯を何百人も釈放する手助けもしました。彼は南部で身柄を拘束され、その後身柄はトリポリ近くのジンタンに移され、二〇一二年九月に裁判にかけられることになりました。

もしも、カダフィが民主的な選挙を行えば、サイフ・アル＝イスラームが国を率いる最高指導者として選ばれた可能性は高かったでしょう。そうすれば、ゆるやかに民主的なシステムを導入していったのではないかと私は思っています。

しかし、これはアラブの国々に共通する問題ですが、リーダーが自分の後継者を指名し、そのまま権力があたりまえのように引き継がれてしまう。選挙という洗礼を受けず、民意を反映することなく権力の委譲が行われてしまうことはやはり問題だと思います。

しかし、カダフィの息子だからといって、その能力が生かせないこともやはり社会の損失になると思います。

●カスタムメイドが必要な「民主主義」

また、アラブの人たちが「民主主義」をどう捉《とら》えているかという問題もあります。

アラブ社会で民主主義といえば、一九七〇年代のアメリカのプロパガンダのイメージがいまだにまかり通っているようなところがあります。ソ連との冷戦下にあったアメリカは、ソ連の影響下にあった国々への対抗措置として、「自由な国、アメリカ」というイメージを宣伝しました。「あの国に行ってみたい」「自分の国をあの国のようにしたい」と思わせるために、クルマやファッションなどの製品の広告や、映画や雑誌などを使った文化帝国主義に努めました。

しかし、日本の読者がご存じのように、アメリカの民主主義の黄金時代は一九五〇年代で終わっていて、その後は民主主義のほころびがさまざまな問題を引き起こしてきました。アメリカの民主主義がすばらしいかといえば、かならずしもそうではありません。特定の企業や団体が有利になる法律を議会で通すためにロビー活動を行って、特定の人のもとで資金が増え続けていくシステムができあがっています。

たとえば、選挙を行ったとしても、部族単位で同じ人に投票したり、有名な一族への人気投票になったら、民主主義の意味はありません。実際、インドやパキスタンでは、選挙制度こそあるものの、インドのガンジー、パキスタンのブット一族のように特定の一族に富と権力が集中しています。

民主主義は選挙制度があればそれで実現するというものではないはずです。その国、その地域の文化に基づいてカスタムメイドで作っていかなくては、本当の意味での民主主義にはなりません。民主主義という制度を導入しただけでは形骸《けいがい》化してしまう可能性が高いのです。

チュニジアやエジプトの「革命」後の選挙結果がその事実を物語っていると思います。選挙制度を健全なものにするには、一票を投じる国民の意識改革が必要です。一票を投じることは国民の義務であることを認識し、この国をよくするためにはどんな人に投票すればよいかを考え、情報を集めて決断しなければなりません。しかし、そのためには、国民が民主主義による国家というものをよく知らなければならないし、国民一人ひとりが学ばなければならないのです。

アラブの国々が「民主主義」を実現するためには、その国の国民がどういう民主主義を実現したいのかをよく議論する必要があると思います。

●無視されている「カダフィ後のリビア」

二〇一一年八月、カダフィは自宅を追われ逃亡し、カダフィ政権は崩壊しました。そして、十月二十日に国民評議会がカダフィが死亡したことを発表しました。

それまでメディアはあんなに騒いでいたのに、カダフィが死んだ後はさっぱり報道が止んでしまいました。おそらく、世界中の人たちは、その後、リビアは民主化されて平和な状態が続いていると思っているのではないでしょうか。

しかし、実はまだ内戦が収まってもいないのです。いろいろなところで自治政府を作ったり、独立すると言い出した部族も出てきました。いまのリビアは、部族間の対立が激しくなっていますが、それは各部族が武器を持ってしまったからです。今回の内戦で欧米、カタール、バーレーンの「支援」で送り込まれた大量の武器のおかげで、リビアはいつ新たな内戦に突入してもおかしくない危険な状態にあります。

欧米としては、国の分裂は避けたいのです。国がバラバラになると投資がしづらくなり、せっかく採れた資源を国に持ち帰るときにも、さまざまな勢力が支配する土地を経由しなければならなくなってしまうからです。窓口をしぼって効率よくやりたいわけです。

そこで、いま、欧米のメディアはリビアの状態を見て見ぬふりをしています。アフリカで起こっているできごとが報道されないのと同じです。毎日どこかでたくさんの人が死んでいることが報じられない。それが、ある日、とんでもない数の死者が出て、えっと驚くことになります。一九九〇年代にツチとフツの間で起こったルワンダ紛争では、一〇〇万人近い人が亡くなって、初めて世界が報道したのです。

●NATO軍介入を呼び込んだ一本のニュース

リビアにNATOが介入してきた事情についてもう少し詳しく書いておきたいと思います。

その当時、私はアルジャジーラの放送をフォローしていたのですが、だんだんと報道が偏っていくことを感じました。

たとえば、現地に危険で入れないという理由で、電話取材の音声をどんどん流し始めたのです。誰が証言をしているのかも、どこから証言しているのかも、それが本当の証言なのかもわからないまま、アルジャジーラはその証言を電波に乗せました。

アルジャジーラはアラブをカバーする国際的な衛星放送局です。この十数年、アラブでナンバーワンの放送局であり、アラブのニュースを報じるテレビ局としてもっとも信頼が置ける存在でした。そのアルジャジーラが報じているのだから間違いない、と視聴者は思ったはずです。

あるとき、アルジャジーラの電話取材を受けた人が「いま、リビア政府軍が一般住宅を空爆しました。一〇〇〇人以上が亡くなりました。虐殺です」と叫びました。そしてすぐにアルジャジーラが「民間の住宅地が空爆され一〇〇〇人の犠牲者が出た」というテロップを流し続けたのです。私はこのとき、ＣＮＮやＢＢＣも見ていたのですが、ほんの数分後には、アルジャジーラの情報をもとに緊急ニュースとして、同じニュースを流しました。そして、この報道がきっかけとなり、数日後の国連で、国際的な軍事介入を認める決議が出ました。

私はこのニュースを見たとき、違和感を感じました。まず、電話取材だけで、なぜこの無名の人の言っていることが正しいと言えるのだろう。誰もウラを取っていないのに。一〇〇〇人という犠牲者の数もどこから出てきたのか。ジャーナリストであれば誰もが疑問に思うことが疑いもなく報道されていたのです。

その後、アルジャジーラに出ているコメンテーターのアズミ・ブシャーラが、さりげなくこのニュースが事実ではなかったことを認めました。しかし、アルジャジーラとしては、誤報を認めず、謝罪もしていません。

実はリビア政府軍が空爆したのは一般住宅地ではなく、政府の軍事施設でした。反政府勢力が軍事施設を襲い、武器を奪おうとしたために、それに応戦するかたちで空爆を行ったのでした。そこで空爆されましたが、同時に、反政府勢力もその混乱のなかで武器を奪うことに成功しました。その過程で十数人の犠牲者が出ましたが、戦闘中のできごとなので、非難はできないでしょう。

しかし、この事実を報道したのは一部のメディアだけでした。その後、リビア攻撃のきっかけになったこの誤報について検証することもされていません。

●世論形成に影響を与えたアルジャジーラの「アジェンダ」

なぜ、アルジャジーラは誤報を認めようとしないのでしょうか。その背景にはアルジャジーラという放送局の特殊な立場があります。

アルジャジーラに資金提供しているのがカタール政府だということはよく知られています。カタールはとても小さい国で、アラブ人もカタールがどこに位置しているかをよく知らないくらい存在感の薄い国でした。アルジャジーラができる前は六〇万人程度の人口しかない小国だったのです。そのカタールが国際的な存在感を増すために設立したのがアルジャジーラでした。

地政学的にカタールはつねに隣のサウジアラビアに併呑《へいどん》されるのではないかという危機感を感じていました。アラブのなかで自分たちのポジションを守るためにはどうすればいいのか。そこで国王が考えたのは、情報発信基地として存在感を示すことでした。

そこで、アルジャジーラという放送局を作ったのですが、スポンサーのカタールを超えるほどのブランドになってしまいました。二〇〇一年のアメリカによるアフガニスタン侵攻の報道や、ビン・ラディンのメッセージ・テープや独占インタビューなどで頭角を現し、現在ではアラブを代表する衛星メディアとして、欧米のメディアからも一目置かれる存在になりました。

そこで、アルジャジーラにはアラブ世界のアジェンダ・セッティング（議題設定効果）を果たすようになりました。アラブの国々のみならず、世界中に住んでいるアラブ人が注目するメディアとして、つねに、いまアラブ人が知らなければならない問題は何か？　考えるべき問題は何なのか？　を設定するというようになりました。

アルジャジーラはつねにプロフェッショナルのジャーナリスト集団の姿を対外的に見せてきました。カタール政府が報道内容に口出ししていないようにも見せてきました。

しかし、カタールにとってリビアは特別な関心を持たざるをえない国でした。

というのは、カタールもリビアも天然ガスを輸出する国だからです。いままで天然ガスを輸出する国を束ねる組織としてガス輸出国フォーラムが二〇〇八年十二月二十三日に初めてモスクワで行われましたが、石油におけるOPECのようには影響力を発揮できませんでした。天然ガスも石油と同じように、総産出量や価格をコントロールしたほうが産出国としてはありがたい。そこで、最大輸出国であるイランをのぞいてロシアとカタールがリーダーシップを取ろうとしているなか、カタールはエキセントリックなカダフィの存在を抑えようとした可能性があります。そこで、カタールは武器、お金、メディアで反政府軍に協力しました。

このようにカタールとリビアの間には利害関係があったわけです。事実、アルジャジーラの報道は軍事介入に必要な、世界の世論形成に大いに貢献しました。カタールにはカダフィと対立していた米軍の基地もあり、王政を否定するカダフィとはいつか対立することが目に見えていました。実際に、カタールは武器を反体制派に供与して支援していました。

●実態は「内戦」だったリビア革命

「アラブの春」と言われている一連の「革命」のなかで、リビアはシリアと並んで報道と現実が乖離《かいり》した例です。アラブのアルジャジーラも、欧米のメディアも、反カダフィ勢力の側に立ち、あたかも「革命」であるかのような報道をしました。しかし実態は、権力を奪い合う内戦でした。その背景はこれまで述べてきた通りです。

アラブではリビアの状態をどのように捉えていたのでしょうか。

アルジャジーラはチュニジア、エジプトの革命をサポートしてきた報道機関でもあったので、リビア以外のアラブの人々も報道されたことを信じていました。そして、チュニジアのベン・アリー、エジプトのムバラクと同様に、カダフィも倒されるべき独裁者であるという認識でした。

部族間の対立や、アフリカの資源を金で売買することや、対欧米の投資の問題などがまったく報道されないまま事態が推移して、結局、カダフィは殺されてしまいます。

今頃になって、リビアをめぐる報道はおかしかったのではないか、という声がアラブからも上がってくるようになりました。

「アラブの春」とひとくくりにされていますが、そのすべてが「革命」だったわけではありません。リビアの例はその象徴的なものだったと思います。

第 4 章

アラビア半島へ飛び火した「アラブの春」

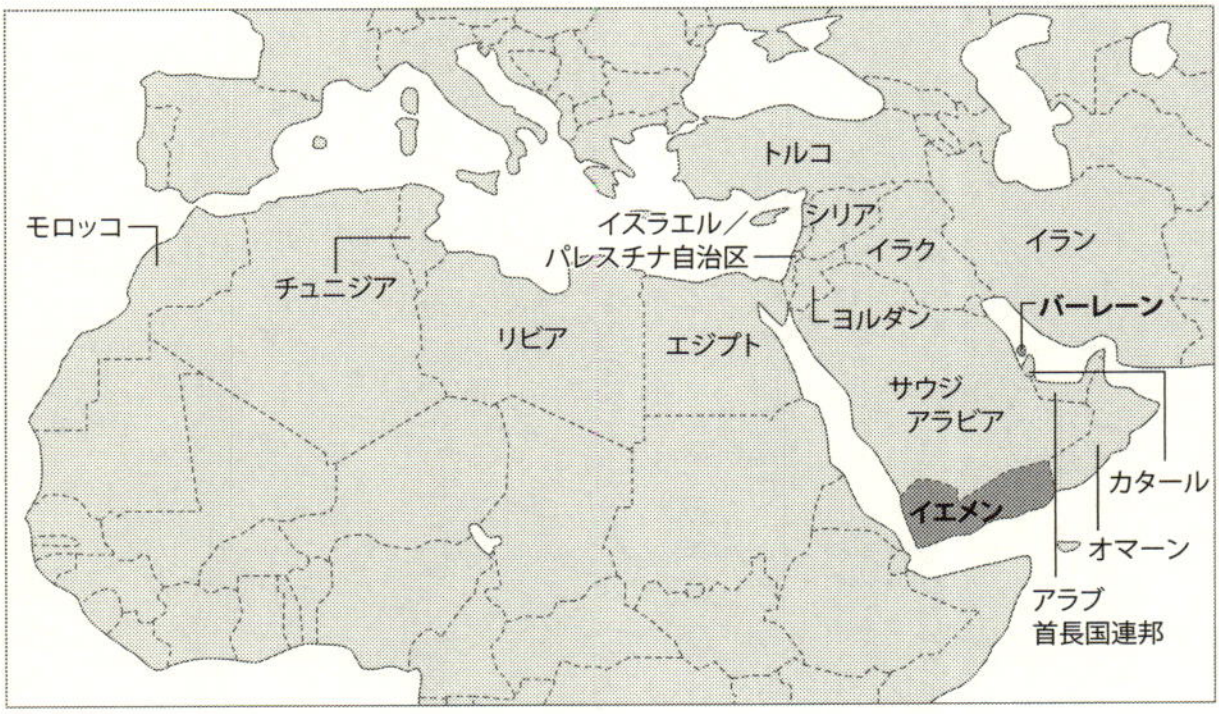

●アラビア湾の「真珠」バーレーン

チュニジア、エジプト、リビアはいずれも北アフリカの国です。ここからは視点を東へ移動させ、アラブ諸国が密集する中東を見ていきましょう。チュニジアから始まった「アラブの春」の影響は中東へも広がっていきました。

最初の国はバーレーンです。中東のアラブ諸国のなかでも、「アラブの春」にいちはやく反応し、行動を起こしたのがバーレーンの国民たちでした。

バーレーンはアラビア湾のなかにある大小さまざまな島からなる国です。昔は漁業や真珠が産業でした。首都マナーマでデモの中心地となった「真珠広場」という名称は、かつて真珠産業が盛んだったからです。この広場に人々が集まるところから、政府への抗議活動が始まりました。このときは、経済格差の是正を訴える貧困層のシーア派の人たちだけでなく、スンニ派の中産階級でリベラルな人たちも自由と民主化を求めて参加しました。

大規模なデモが起きたのは二月十四日。逮捕者は一〇〇〇人を超えました。それも、けが人を治療しただけで医師が逮捕されるなど理不尽なことが多かったのです。スンニ派、シーア派は関係なく、人権派の弁護士も逮捕されています。しかし、報道ではシーア派ばかりというような報じられ方をして、あたかも宗派対立のようにされてしまっています。

ＢＢＣでも放送されましたが、その様子は演説が中心の穏やかなものでした。人権を求める人たちや、民主主義、自由を求める人たちが演説する様子を見ていたので、エジプトのような「革命」へと向かうのかなと見ていました。しかし、ある日突然、サウジアラビア軍の戦車がやってきました。

サウジアラビア軍が一〇〇〇人とアラブ首長国連邦の警察官が五〇〇人投入されて、武力で弾圧されました。大きなデモが起きてから一カ月後の三月十四日のことです。ちょうどこの時期は、日本で東日本大震災が起こり、福島第一原発の問題が世界から注目を集めていた時期でした。そのせいもあって、バーレーンで起こっているできごとは報道されなくなってしまいました。

サウジアラビアにとってバーレーンはイランとの間にあり、緩衝となる国です。ここがイラン寄りのシーア派の国になってはしまっては危機管理上危険だと見ているからです。

サウジアラビア軍がバーレーンに入った名目は石油産業を守るということでした。しかし、実際は、真珠広場に集まった人たちを鎮圧するためでした。真珠広場には、真珠を象《かたど》った丸い球体を掲げた塔があり、広場のシンボルになっていましたが、そのモニュメントまで壊してしまいました。

サダム・フセイン政権を倒したときにも彼の像を倒して破壊していましたが、支持者の人たちの心をくじくためだったと思います。バーレーンの場合は、モニュメンタルなものがなくなれば、そこで一年後、二年後にデモが行われることはないだろうという計算があったのだと思います。

●王家と国民の宗派のねじれ

バーレーンの政治体制は立憲君主制。ハリーファという王家があります。十年前の二〇〇二年までは国王が政治を司《つかさど》る絶対君主制でしたが、現在は立憲君主制です。しかし、首相は国王の叔父《おじ》が務めているので、実質的にはいまも国王一族が支配しています。

国会は二院制になっていて、議員のうち半数は選挙で選ばれますが、残り半数は王の指名によるものです。なぜなら、シーア派が多数派なので、議院内閣制が始まってしばらくはシーア派の政党が選挙に勝利したからです。

男女平等参政権を認めるなど、湾岸の国のなかでは進歩的な部分もありますが、その一方で国王が首相を任名するなど専制的な部分も残っています。そして、国王の権力が強いため、新しい法律を作ろうとしても、国王が承認しなければ成立しません。

国民がデモで求めたのは王政の廃止、公平な選挙の実現、宗派による差別の撤廃などでした。表向きは民主的なシステムを導入しているように見えても、実質的には国王による支配は変わっていません。バーレーンで始まったデモがめざしていたのは、王家のハリーファ一族の支配を終わらせることでした。

王家は、サウジアラビアなどのほかの湾岸諸国と同様にイスラム教スンニ派です。王家の出自はもともとはカタールで、十八世紀後半に彼らがこの地を支配するまではペルシャ（現在のイラン）の支配下にあったため、いまも国民の約七割がシーア派です。マイノリティがマジョリティを支配しているというねじれ現象が起きています。

そもそもハリーファ家が政権を握ったのは、イギリスの後押しを受けてのことでした。スンニ派というマイノリティでありながら、外国勢力の応援で権力を握ることができました。長らくイギリスの保護国でしたが、一九七一年に王国として独立を果たしました。バーレーンは石油産油国なので、王家一族はどんどん裕福になりました。しかし、お金持ちになるのは王家と、その周辺のスンニ派の人たちばかり。国民の多数を占めるシーア派の人たちは貧しい暮らしを強いられてきました。

今回の騒乱を機に、バーレーンの状況がテレビで報道されて、まず驚いたのが貧富の差でした。バーレーンは湾岸の国のなかでも裕福というイメージだったのですが、貧しい人たちの暮らしは実に悲惨でした。ボロボロの家に家族一〇人で住んでいるような、私が知っている最低レベルのパレスチナ難民キャンプに匹敵するくらいの貧しさだったのです。

貧困の理由は宗派の違いによる差別から生まれています。スンニ派のところにはお金が回りますが、シーア派には回ってこないのです。バーレーンでは、どのようなところに就職できるか、どのようなところに住めるのかが、スンニ派かシーア派かでは大きく違います。シーア派のなかには努力して医師や弁護士になった人もいますが、それはほんの一握り。もともとの条件に格差があるので、個々人のがんばりにも限界があります。その一方で、スンニ派の人で貧しい暮らしをしている人はほとんどいません。

少数派であるスンニ派にとっては、多数派のシーア派が社会の中枢に入り込んでくることは大きな危機です。それゆえ差別をしてシーア派を社会の周辺へ追いやろうとします。その結果、シーア派の人々のなかには不満が蓄積されていました。しかし、バーレーンは強力な警察国家でもあり、すこしでも不満を口にすると逮捕されるようなことが日常茶飯事です。

●イラン黒幕説の流布

「アラブの春」でアラブ全体に注目が集まり、各国の状況が報道されました。

バーレーン政府としては、スンニ派によるシーア派に対する差別問題をことさら取り上げられたくはありません。そこでバーレーン政府が流した情報が、反政府運動の陰にはイランがいるという陰謀説でした。湾岸の国を不安定にするために、イランが反政府勢力を資金援助しているに違いないと主張しました。

たしかに、イランはバーレーンで自分たちと同じシーア派の人たちが貧しい暮らしをしていることに無関心ではありませんでした。彼らの生活を支援するための資金提供をしていたのです。しかし、その援助がバーレーン政府の言うように、反政府勢力への援助と言えるものなのかは疑問です。

ともあれ、バーレーンは、イランが湾岸諸国の政権を転覆させ、親イランのシーア派政権を作ることで石油や資源の支配をねらっていると宣伝しています。

また、地政学的に、バーレーンに親イラン政権ができることは、サウジアラビアなどの湾岸諸国にとっても脅威です。アメリカも同様の危機感を持っているため、地政学的にバーレーンがスンニ派政権を維持することは重要なのです。

その結果、バーレーンで起きていることは他の「革命」に比較してほとんど報道されていません。報道されたとしても「用語」が違うのです。チュニジアやエジプトでは「革命」が起きていると報道されていました。民主化のための革命だ、と。

しかし、バーレーンの場合は政権打倒を訴える人たちを「革命勢力」とは呼ばずに、「反対勢力」「シーア派勢力」「イラン派勢力」と呼び、「アラブの春」の「革命」と切り離して報道しています。

しかし、バーレーンで起きたことは、まさにチュニジア、エジプトに続く「革命」を求めるものでした。シーア派国民が不公平の是正を求めるデモは、やがて在任四十年に及ぶ首相の辞任、王の任命ではなく、公正な選挙による議院内閣制の実現などを求め始め、要求を拒まれたため、ついには王政の打倒を訴える声が上がります。政府側も武力を行使し、死者が数十人出ました。

バーレーンの周辺国の協力も迅速に行われました。「湾岸協力会議（GCC）」という湾岸の六カ国（アラブ首長国連邦、オマーン、カタール、クウェート、サウジアラビア、バーレーン）が連帯している組織があるのですが、前述したようにデモが始まって一カ月後の三月十四日には、ＧＣＣからサウジアラビア軍約一〇〇〇人、アラブ首長国連邦の警察官約五〇〇人がデモの鎮圧に派遣されています。

●湾岸協力会議（GCC）とは

サウジアラビア軍とアラブ首長国連邦の「湾岸協力会議（ＧＣＣ）」についてもう少し説明しておきましょう。

設立は一九八一年。アラブ首長国連邦、オマーン、カタール、クウェート、サウジアラビア、バーレーンの六カ国が加盟していて年に一度、国際会議が開かれます。経済の交流が第一の目的で、やがては加盟国に共通する通貨「ハリージー」を導入するプランを掲げています。もっとも、通貨を共通化することについてはアラブ首長国連邦とオマーンが加わらないと宣言していて、実現の見通しはまだ立っていません。

ＧＣＣが経済的な協力体制だけでなく、安全保障面でも行動を起こすことが今回のバーレーンでのできごとでわかりました。ＧＣＣが派兵する軍隊の実態はサウジアラビア軍です。ほかの加盟国は小さい国ですし、軍事的にはそれほど大きな力を持っていないからです。

湾岸の秩序を守り、安定化を図るために、経済的なつながりを強くし、安全保障面でも協力し合っていこうということがGCCの目的です。

デモが沈静化した後には、デモに参加したシーア派の四人に死刑判決が出ています。彼らは国家に反逆した罪に加え、デモの騒動の中で警官を傷つけた、殺したなどの罪が付け加えられています。それも、武器を持った軍や警察ともめたときのことですから、一方的に市民が断罪されるのは不公平です。デモのときには公表されているだけで三〇人以上の死者、一〇〇〇人以上の負傷者が出ているのですから。

二〇一二年五月にGCCでバーレーンとサウジアラビアを統合するという案を協議したことが話題になりました。サウジアラビアとバーレーンが同じ国になれば、バーレーンで多数派のシーア派も、少数派に転じます。そうなれば、バーレーンの反体制勢力を抑えられるというもくろみがあるからです。この案に対して、反対運動、デモがまた盛り上がりました。

サウジアラビアにバーレーンが併合されるというと突飛なことのように聞こえますが、私は充分にありえると思っています。なぜならバーレーン政府が乗り気だからです。しかし、市民レベルではどうなのか。納得するのか。それとも、怒りに火がついて、むしろ大きな反対運動が起きるのか。予断を許さない状況が続いています。

湾岸では歴史的にもシーア派が差別され、弾圧されてきました。ビン・ラディンやサラフィ派は、シーア派をイスラム教徒と認めておらず、差別しています。

●スンニ派とシーア派が対立する理由

スンニ派とシーア派の対立はもともとはムハンマドの後継者問題で対立したことから始まりました。

シーア派は預言者ムハンマドの従兄弟《いとこ》であり、娘婿でもあったアリーを後継者に推薦しました。そして、アリーの血を引くものだけがイマーム（指導者）になれると主張しました。「シーア派」の語源は「アリー派（シーア・アリー）」です。

ムハンマドは幼い頃に両親を相次いで亡くした孤児だったのですが、祖父と叔父《おじ》が引き取って育てました。叔父の子のアリーはムハンマドと兄弟のように育ちました。アリーはムハンマドよりはだいぶ年が下でした。そして、ムハンマドが布教を始めたときに、いちばん最初に、ムハンマドの言う新教を信じたのがアリーでした。

しかも、ムハンマドが暗殺されるという情報が入ったときに、アリーはムハンマドの身代わりになったこともあります。シーア派、同じくアリーの支持者であるアラウィ派からすると、それほどムハンマドを理解し、尽くしたアリーを後継者にしないとは、という主張をしたわけです。しかも、アリーは哲学や天文学に明るく、教養がありました。

一方、アリーの血統だけを最高指導者にするのではなく、話し合いで決めていこうとしたのが、後にスンニ派となるグループでした。「スンニ」とは、「預言者ムハンマドがいた時代のスンナ（慣行）を守る人」という意味です。スンニ派は慣行と同じく、共同体での話し合いを重視したので、最高指導者も話し合いで決めようと主張しました。そして、結果的にスンニ派の意見が通り、ムハンマドの後継者には、イスラム帝国の初代カリフ（首長）となったアブー＝バクルが選ばれました。それから四人のカリフがイスラム帝国を大きくしていきます。ムハンマドの従兄弟のアリーは第四代カリフを務めましたが、暗殺されてしまいます。

アリーと敵対していたスンニ派のムアーウィヤが、新たにウマイヤ朝を開きます。アリーの子、フサインはウマイヤ朝に対して反乱を起こしますが、鎮圧され殺されてしまいます。ことここにいたって、スンニ派とシーア派の決裂は決定的になりました。以後、スンニ派とシーア派はまったく別の歴史を作っていくことになります。

●現代のスンニ派とシーア派

シーア派といえば、イランがその教義に基づいた政治をしていることで知られています。イスラム革命以来、欧米と対決してきたイメージのあるイランですが、かならずしもスンニ派と比べて保守的ということはありません。むしろ、シーア派のほうがスンニ派よりもリベラルな考え方をしている場面が多いのです。前述した科学の進歩を認める考え方もそうですし、女性の社会進出にも自由を認めています。女性の宗教指導者もいるほどです。イランの女性はチャドルをかぶって顔を隠してはいますが、自由が認められている部分もあるのです。

客観的に見て、スンニ派とシーア派にはどれほどの違いがあるのでしょうか。宗教的な服装や、ヒゲのはやし方でスンニ派とシーア派の人たちを見分けることはできます。しかし、普通の若者のような格好をしていれば区別はつかないでしょう。出身国とその地域、名字などで判断することはできますが、デリケートな問題なので、なかなか聞けません。少なくとも、一般の人たち、とくに若い人たちの間では、あまり意識せずにつきあっていることも多いようです。普通の人たちにとっては、スンニ派かシーア派かより、その人個人がどういう人かが大事だと思います。しかし、ひとたび政情不安になれば、いつ敵味方になるかもしれないというのもアラブの現実です。

私が生まれ育ったレバノンでは、内戦で宗派間の抗争があったため、とくに敏感です。「あなた何派?」とはさすがに聞けませんが、レバノン人は「どこの村の人?」と聞いたり、お父さんの名前を聞いたり、出身校を聞いたりして、相手の宗派を探っていきます。

ただ、スンニ派にもシーア派にも共通して言えるのは、保守的な人々とリベラルな人々の両方がいることです。スンニ派、シーア派とレッテルを貼るのは簡単ですが、発言をしている人の考え方をよく見ていかないと、アラブ社会の本当の姿は見えてこないと思います。

●大統領が倒されたイエメン

アラビア湾のふところに抱かれたバーレーンから、アラビア半島の南西へと視線を移動していくと、サウジアラビアの先にイエメンがあります。

欧米から見るとイエメンは貿易の要路であるアデン湾を持つ重要な国です。イエメンは海をはさんでソマリアと向かい合っていますが、このあたりの海にはソマリアの海賊も出没するため、アメリカは海賊を監視するための部隊を置いています。

イエメンもバーレーンと同様、サウジアラビアという大国が隣にあります。サウジアラビアにとって、国境を接する国の政情が安定していることは重要なことです。

とくにイエメンの場合、北部には「フーシー派」と呼ばれる一派がいて、イエメン政府とサウジアラビア政府に挑発行為を仕掛けてきていました。二〇〇九年には国境を侵犯されたサウジアラビアが軍を派遣し、フーシー派に空爆をしています。彼らはイスラム教シーア派の流れをくむザイド派で、かつてはイマームを中心とした王朝をイエメンに打ち立てていました。彼らは自分たちの正統性を主張し、北イエメンに独立国をつくろうとしていました。しかし、二〇一〇年初頭には、サウジアラビアと停戦に応じました。

また、アルカイダなど、イスラム過激派が拠点を持つことでも知られています。

イエメンは湾岸の国々のなかで、唯一、王政ではなく、共和制をとっています。しかし、大統領のアリ・アブドラ・サーレハは南北に分かれていたイエメンのうち、北イエメンの大統領となり、ついで南北イエメンを統一し、初代大統領の座に就きました。通算して三十四年間にわたってイエメンで大統領を務めています。サーレハは国内の反政府勢力に対して強権をふるい、秩序を保ってきました。サウジアラビアにとって、サーレハ政権が倒されることはイエメンの安定が崩れることを意味します。サウジがサーレハ政権を支えようとしたのにはそうした背景がありました。

しかし、イエメンで起こったデモは、最終的に、サーレハの大統領辞任という結果をもたらしました。大きく報道はされませんでしたが、明らかに「アラブの春」に連なる政権打倒劇でした。

●貧しさから立ち上がったイエメン国民

イエメンでデモが始まったのは二〇一一年一月二十七日。チュニジアでベン・アリーが政権の座を追われたことに刺激を受けて、サーレハ大統領の退陣を要求したことがデモの始まりでした。

首都サヌアのサヌア大学で反政府デモがあり、警官隊が威嚇発砲する騒ぎになりました。チュニジアのベン・アリー政権が倒れた四日後のことでした。

イエメンはアラブのなかでも貧しい国です。平均年齢も十八歳と低い。〇～十四歳の総人口比が43パーセント。出生率が高い一方で、平均寿命が六十代前半という若さだからでしょう。ＧＤＰ（国内総生産）に占める教育、医療費の割合は低く、それぞれ5パーセントほどです。軍事費はそれよりも多い6パーセント以上です。一〇〇〇人に対して何人の医者がいるかというと、〇・三人。それでは不満が高まるのも当然です。

イエメン政府はデモに対して当初から強圧的でした。しかし、政府の予想よりもデモの広がりは早く、首都では一万六〇〇〇人規模のデモが、地方でも数千人規模のデモが行われました。もともとイエメンは南北に分かれていた国だけに、対応が遅れると内戦に突入しかねない危険性がありました。

そこで、サーレハ大統領は、物価抑制策や、公立大学の学費免除、貧困世帯への現金支給を打ち出しました。さらに自身の進退についても、二〇一三年に予定されていた大統領選に出馬しないこと、後継者と目されていた息子への禅譲をしないことなどを約束しましたが、デモの勢いは止まりませんでした。

サウジアラビアなどの湾岸諸国が加盟するGCC（湾岸協力会議）も仲介役を果たしながらサーレハの辞任を求めました。GCCの提案は、サーレハに政治的な罪を問わないという条件で退陣することだったのですが、サーレハは首を縦に振りませんでした。サーレハ自身は年内の政権維持に固執したのです。

先述したようにGCCの実質的な指導権を握っているサウジアラビアと国境を接する国

は安定している必要があります。そしてもう一つは、イエメンは紅海、アデン湾、アラビア海に接していて、ヨーロッパからアジア、アフリカ、アメリカへの船の行き来があることです。石油の輸出にとって重要なルートなので、GCCの国々はイエメンの安定を求めるのです。そして、イエメンでアルカイダが活動していることも心配な材料でした。アルカイダの活動を抑え込むためにも、イエメンの秩序回復は重要事項だったのです。

●大統領辞任とノーベル平和賞

武装した反政府勢力のなかにはアルカイダも加わり、内戦状態の一歩手前まで混乱が進みました。六月には大統領宮殿の敷地内が砲撃され、サーレハほか正副首相、国会議長も負傷します。サーレハは大統領権限を副大統領に譲り、サウジアラビアで火傷《やけど》の治療を受けます。

このとき、サーレハの消息が途絶えたため、殺されたのではないかとまで言われていました。そして、その間、デモはずっと続いていました。サーレハが退陣しないこと、後継者に息子を考えていること、サーレハ一族で政府の要職を占めたり、政府高官が腐敗していたこと、そして何より経済的に貧しいことが国民の怒りに火を点《つ》けました。

デモは反サーレハと親サーレハに分かれ、激しい衝突がありました。サーレハは北イエメンの名門一族で、北イエメンの人たちは権力を維持するためにサーレハを支持しました。一方、南部の人たちはもともと独立国でしたから、これを機にイエメンの権力中枢を北から奪いたかったのです。サーレハ政権を倒すということには、部族間の権力闘争も関わっていました。

結局、サーレハがイエメンに戻り、大統領を辞任したのは十二月二十三日でした。サーレハの退陣までに時間がかかったのは、そういう事情もありました。

しかし、サーレハ政権打倒後に行われた大統領選挙では、サーレハ政権の副大統領だけが立候補し、選挙結果も99・8パーセントの票を得て当選しました。本当の民衆の革命ではなく、秩序を維持するためのものだったということがはっきりしたと思います。

また、イエメンの民主活動家、タワックル・カルマンがノーベル平和賞を受賞しました。しかし、もともとノーベル平和賞は非常に政治的です。欧米が取り上げたい国や地域、権力者、話題の中で目立っている人間が選ばれます。

タワックル・カルマンに授賞したのは、欧米はイスラムに敵対していないというメッセージでもあるし、革命を支援しているというメッセージでもあったと思います。イスラムの女性、アラブ人ということで選ばれたのでしょう。

私は彼女の話もメディアを通じて読んだり、聞いたりしていますが、イスラムの普通の活動家で特別な業績があったわけではありません。ノーベル賞をもらったことそれ自体は悪いことではありませんが、そこに政治的な意図があることを私たちは忘れるべきではないでしょう。

●火種がくすぶるイエメン

サーレハは表舞台から退場しましたが、イエメンは何が変わったのでしょうか。

バーレーンは石油が採れるため、裕福な国ですが、反対にイエメンはとても貧しい国です。平均年齢は十八歳。さらに識字率が低く、教育が不十分です。生活水準が低く、失業率が高いのです。サーレハ政権を倒した民衆が求めていたのも、貧困からの脱却でした。

しかし、貧困からの脱却はそう簡単には成功しそうにありません。イエメンはほとんど石油が出ず、わずかに出た分で外貨を稼いでも、水や野菜を輸入しなければならないため、つねに貿易赤字を抱えています。隣国のサウジアラビアからの援助がなければ立ちゆかない経済状態です。

ですから、新しい経済政策を打ち出しても成功するとは思えません。イエメンでいまもデモが散発的に続いているのは、国民の不満が解消されていないからです。

イエメン国内では南北を二分する部族間の対立があり、アルカイダなどのイスラム過激派も入り込んでいます。そこにサウジアラビアからの援助と干渉があります。イエメンのこれからを注意深く見守っていく必要があると思います。

第5章

報じられなかった革命、違う用語にすり替えられた革命

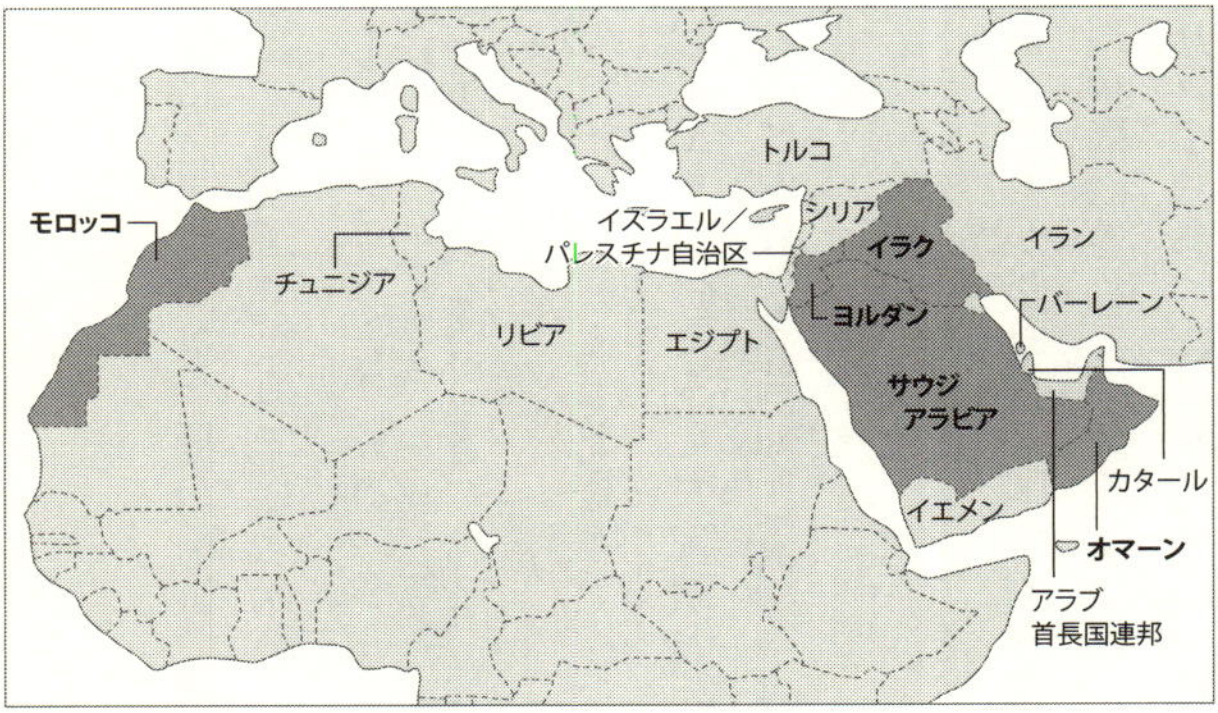

●報じられなかった「アラブの春」

「アラブの春」は前章で紹介したように、アラビア半島の南まで飛び火しました。

では、ほかのアラブの国々への影響はどうだったのでしょうか。

メディアでその影響がまったく報じられなかったのがサウジアラビア、カタール、オマーンでした。いずれもアラビア半島の国々です。しかし、報じられなかったものの、「アラブの春」の影響はたしかにありました。

チュニジア、エジプトで起こった「革命」と比べれば規模は小さく、バーレーンのように大きな騒動になったわけでもなく、イエメンのように大統領の辞任をうながしたという成果も挙げられませんでしたが、「アラブの春」と共通する問題意識を持った人たちがいるということをデモで示したのです。

どの国でも、チュニジア、エジプトで民衆が立ち上がったことによって政権が倒されたことに刺激されてデモが起こりました。にもかかわらず国際的な報道機関からはほとんど無視されました。それぞれの国で、現政権に対して不満を持つ人々が少なからずいることがはっきりしただけでもニュースバリューはあったはずですが、ことごとく無視されました。

もちろん、報じられなかったことには、その国それぞれの理由がありました。

●国王が動いたオマーン

オマーンはアラビア半島の北東に位置します。北はアラブ首長国連邦、西にサウジアラビアとイエメンが国境を接しています。

オマーンは石油が採れる国のなかでは、もっとも貧しい国です。オマーンの人々が政府に対して要求したのは生活水準の向上であり、公務員、政府高官の腐敗への不満の表明でした。つまり、チュニジア、エジプトでデモが起きた理由とまったく同じです。

オマーンでもチュニジアやエジプトと同様、デモに参加した人たちと警官との間に衝突が起こりました。

二〇一一年の二月二日にはデモに参加した人のなかから二人の死者が出ています。ほかにも二月から三月に毎日のように衝突があり、何度か数人の死者が出ています。しかし、ほとんどメディアでは報じられませんでした。

また、デモがチュニジアやエジプトのような大規模なものに発展しなかったのは、オマーンを治めている王家が民衆に対して比較的早い時期に改革を約束したためです。

約五万人分の仕事を公共事業で創出する。また、現在の内閣を改造し、一二人の大臣の首をすげ替え、最低賃金の向上を約束しました。ほかにも、腐敗の追放や、生活水準を向上させるための施策を早々と打ち出しました。

また、それまで、オマーンでは報道の自由が認められないと言われていたのが、大臣を批判する記事などが少しは書けるようになりました。それは「アラブの春」が飛び火しないための一時的なものかもしれませんが、少なくとも、いままでは不可能だったことが少しずつできるようになってきています。

湾岸諸国のほかの国とは違い、オマーンではスンニ派対シーア派といった宗教的な対立や部族間の対立がありませんでした。

オマーンは絶対君主制を敷いていますが、諮問議会や地方への視察をよくし、国民の声を吸い上げる仕組みを作っています。国王はスンニ派から分派したイバード派で、国民の四分の三が同じイバード派、残りもほとんどが教義が似ているスンニ派なので、宗派対立はありません。

チュニジアやエジプトのように、生活レベルのアップと政治と行政に蔓延《まんえん》する腐敗の追放が第一の問題だったので、解決が比較的易しいということは言えるでしょう。現在、それらの問題がすべて解決されたわけではむろんありませんし、約束されたことが１００パーセント果たされたわけでもありませんが、とりあえず沈静化はしたという状況です。

ちょうどこの時期はほかのアラブの大国で大きな動きが次々にあったために、オマーンで起こっていたことがメディアに見過ごされてしまったということもあるでしょう。

オマーンは国土が小さく、石油はわずかしか出ません。しかし、最近では観光が注目されています。自然が多く、オマーン湾があり、海も山もある。これまであまり脚光を浴びていなかった自然が「発見」され、ヨーロッパからの観光客がやってきています。オマーンも自然観光に力を入れようとしています。

●資金援助する湾岸の盟主、サウジアラビア

なぜ、オマーンは貧しい経済事情にもかかわらず、民衆からの要求に応《こた》える施策を打ち出せたのでしょうか。

それは、湾岸諸国、とくにサウジアラビアが資金援助を約束したからです。一つしかない国立大学を二つに増やすこと、イスラム銀行を新たに設立すること、公共事業を行って

雇用を作り出すこと、などはサウジアラビアなどの援助によって可能になったことです。

それはなぜでしょうか。

世界の原油輸送量の約四割が、オマーンの領海内にあるホルムズ海峡を通るからです。オマーンの政情が不安定になると、湾岸諸国全体に影響が生じます。そこで、資金提供にも協力しましたし、カタールがスポンサーのアルジャジーラもデモを煽《あお》らないよう配慮し、ほとんど報道しなかったのです。

サウジアラビアはアラブの国々のなかでも人口が多く（約二八五〇万人）、富裕層が多いことで知られています。購買意欲も盛んで、欧米や日本などの企業はサウジアラビアのマーケットを重要視しています。そのため、サウジアラビアに批判的なニュース番組や新聞、雑誌に欧米企業が広告を出すことはまずありません。サウジアラビア政府の機嫌を損ねた場合、サウジアラビアのマーケットから締め出されるかもしれないからです。

また、サウジアラビアにはアラブ全域をカバーする広告代理店があり、アラブの約八割の広告を扱っています。マス・メディアの経営にとって広告は重要な収入です。サウジアラビアは広告を引き上げるぞという脅しをメディアに対してかけられるのです。

さらに、アラブのマス・メディアでもっとも有力なのは衛星放送ですが、衛星のうち、エジプトの一つをのぞいて、あとはすべてサウジアラビアのものです。つまり、衛星放送でサウジアラビア批判をすると、その放送局は放送自体ができなくなってしまうおそれがあります。

アルジャジーラは開局当初、サウジアラビアに対して批判を加えていた衛星放送でしたが、いまではその批判は抑えられています。アルジャジーラもまた、上記のような理由で、サウジアラビアに対しての批判ができない状況になっているのです、

アラブの国々も同じです。

たとえば、シリア、レバノンのムスタクバル（ハリーリ前首相の党であり、反ヒズボラ派）を支持し、経済的にも支援しています。そして、その団体を通じて、その国の政治に影響力を広めていくというやり方もしています。

サウジアラビアだけでなく、そのほかの湾岸諸国も資金を出していますが、その割合はサウジがいちばん多いのです。サウジアラビアは湾岸の盟主的存在です。

●報道されないサウジアラビアのデモ

アラブの大国、サウジアラビアでも、実はデモがありました。

サウジアラビアはアラビア半島で最大の面積を持つ大国です。石油埋蔵量も世界最大です。

サウジアラビアは絶対君主制国家ですが、王家も国民の多数派もスンニ派。少数派のシーア派に対する差別もあり、反政府的な考えを持つ人への弾圧もあります。シーア派はサウジアラビアの人口の約一割、二〇〇万人です。バーレーンと同じで、スンニ派と同じようには就学や就職の機会が与えられず、貧しさから抜け出せない状態に置かれています。

今回、「アラブの春」に刺激されて、シーア派の人たちは長年感じてきた不満を政府にぶつけました。政府に対して人権擁護の要求をしたのです。

二〇一一年一月二十三日、サムタという町でモーリタニアから来ていた労働者が貧困に対する抗議の焼身自殺をしたとBBCが伝えました。また一月二十九日には、ジェッダという町でスマートフォンを使ってデモを呼びかけ、金曜の礼拝の後にデモが起き、三〇～五〇人が逮捕との報道。彼らの不満は政府が洪水対策を怠ったことに対してでした。

サウジアラビアの主要産業である石油の採掘、精製を行う工業地帯でもデモがありました。三月から五月まで断続的に、カーティフ、ホフーフ、アール・アワミーヤで起きたデモでは、シーア派住民に対する差別への反対が訴えられました。

「怒りの日」と呼ばれた三月十一日に起こったデモは、フェイスブックでの呼びかけに応じるかたちで行われました。呼びかけたファイサル・アブドル・アハドはその一週間前に殺されてしまうという事件がありました。

そのほか、一～四月までに、労働条件の改善を求めたデモがリヤド、タイフ、タブックで行われています。

しかし、そうしたデモはほとんど報道されませんでした。アルジャジーラなどのアラブ・メディアでさえも報じていません。

●政治に無関心なサウジアラビア国民

先述したようにサウジアラビアは世界最大の原油埋蔵量を誇ります。サウジの政情が安定していることは、石油に依存するすべての国にとって重要なことです。サウジアラビアが不安定になり、石油の輸出が滞るようなことになれば、石油の価格は高騰します。石油に依存するすべての産業が大打撃を受けることになるのです。そこで、サウジアラビアの影響下にあるアラブのメディアだけでなく、欧米のメディアも国民を煽らないようサウジアラビアの反政府勢力については見て見ぬふりをしているのが実情です。

弾圧の実態についても、何人の政治犯が逮捕され、いまも獄中にいるのかなどの発表は政府から一切されていません。それらはすべて個人レベルで聞く話でしかなく、統計には一切出てきません。

では、国民の意識はどうなのでしょうか。

サウジアラビアに限らず、石油が出る豊かな湾岸諸国に共通することですが、国民は政治に対して距離を置こうとする傾向があります。貧しい人がいるとはいえ、国民の割合から言えば少なく、多くの人たちは消費生活を謳歌《おうか》しています。その生活を続けるためには政治に多少の腐敗があっても目をつぶろうと思っている人が多いのです。もしくは、宗教的なことに関心を持つことで、政治には関わらないようにしています。

サウジアラビアでは多数派のスンニ派が、少数派のシーア派を差別していて、シーア派のなかに不満がくすぶっている、と述べました。サウジアラビアではスンニ派とは違い、シーア派は宗教的な儀式を行うことに制限が加えられています。たとえば、シーア派は亡くなった人のお墓をお参りする儀式がありますが、サウジアラビアでは認められていません。就職でも、シーア派は公務員として雇用されることがあまりないなどの差別があります。また、シーア派住民が多く住む東部の発展はほかの地域と比べて遅れています。さらに、政治犯、宗教犯にシーア派が多いことからも差別がうかがえます。

また、サウジアラビアや湾岸諸国はシーア派国家であるイランを脅威に感じています。シーア派はいつイランの手先になってもおかしくないという疑心暗鬼になっているのです。イランからの政治的な影響を恐れているからこそ、国内にいるシーア派を差別し、その力を削《そ》いでおこうというねらいもあるのです。

●サウジを支配する二つの家族

サウジアラビアはアラブのなかでも親米で知られています。湾岸での戦争にアメリカが介入するたびに、サウジアラビアはアメリカに基地を貸し、支援してきました。

しかし、「民主主義を世界に輸出している」と言われるほど、他国の政治体制や人権意識に口をはさんできたアメリカが、サウジアラビアに強く民主化をうながしたという話は聞いたことがありません。サウジアラビアは女性の参政権を検討するなどの「民主化」案を発表してはいますが、実現の見通しは立っていません。

サウジアラビアは独特の問題を国内に抱えているからです。

先述したようにサウジアラビアは国王がすべての権力を握っている絶対君主制国家です。

国王はサウード家という一族ですが、王族のなかにもいろいろな派閥があり、兄弟や従兄弟《いとこ》同士の間でも意見が分かれています。民主化を進めたい人もいれば、イスラム原理主義者に近い保守的な考え方の人もいるのです。

王族それぞれの考え方に隔たりがあるのはなぜなのでしょうか。

サウジアラビアは十八世紀にいまの首都リヤドの近くで部族を率いていたサウード家と、宗教的指導者だったワッハーブ家、二つの一族が団結したところから始まりました。このときにサウード家は政治を、ワッハーブ家は宗教をそれぞれ統轄するという合意がなされました。

それから周辺の部族と戦い、和解しながら、二十世紀初頭にいまのサウジアラビア王国となりました。このときに後見人的な役割を果たしたのはイギリスでした。サウジアラビアという国そのものの歴史は意外と浅いのです。

サウジアラビアは湾岸最大の面積を持つ国であり、イスラム教の二大聖地であるメッカとマディーナが国土のなかにあります。そのため、宗教的指導者であるワッハーブ家の権威は強力なものです。サウジアラビアが親米でありながら宗教的に保守的なのは、ワッハーブの保守的な考え方を反映しているからです。

しかし、ワッハーブ家の人々も現代では豊かな石油資源を持つ大国の支配者です。サウジアラビア国内ではお酒を飲んではいけない、女性はクルマの運転をしてはいけないなどの戒律を守って暮らしていますが、実はヨーロッパではハメを外して遊んでいることがよく知られています。二〇一〇年には、ある王子が、イギリスで、酔っぱらったあげくにゲイのパートナーだったと思われる男性を殺してしまうという事件まで起こしています。国内では厳しい教えを国民に押しつける一方で、権力を持っている人たちは国外で自由を楽しんでいることが徐々に知られるようになりました。

しかし、ワッハーブ家の権威はサウジアラビアの求心力の一つになっています。国としては厳しい戒律を国民に求めることで、国への帰属意識や忠誠心を高めようとしています。その結果、王族のなかでも考え方の振れ幅が大きくなってしまっているのです。

多くのサウジアラビア国民は経済的にうるおっている現在の暮らしに満足しています。政治には無関心で、宗教的な戒律に窮屈さは感じつつも、消費生活を謳歌する中産階級が主流を占めています。

そして、彼らとは別に、先述した少数派のシーア派の人々が貧しい暮らしを強いられているという状態です。

●サウジアラビアの市民運動は大きくならない

二〇一一年三月十一日、日本で東日本大震災が起きてからは、「アラブの春」の動きはあまり報道されなくなりました。もちろん、東日本大震災は世界的に大きなニュースですから優先されて当然ですが、同時に、世界の関心が失われたことで、「アラブの春」の盛り上がりも下火になってしまったということはあると思います。

サウジアラビアでも、奇《く》しくも三月十一日に「怒りの日」と名付けた大規模なデモが行われました。このときはフェイスブックを使い、一万人近くの人たちがそのデモに賛同しています。しかし、当局の弾圧もあってすぐに沈静化してしまいました。

サウジアラビアで政府に対して異議を唱えているのは、経済的な格差と宗教的な差別を強いられているシーア派の人々と、政府によるしめつけを嫌う中産階級のリベラルな人々です。しかし、潜在的に不満を持っている人たちはいても、それを声に出したり、行動として示したとたんに、弾圧の対象になってしまいます。

サウジアラビアにも人権活動をしている人たちはいます。たとえば、サウジアラビアでは女性が車の運転をすることは禁じられています。しかし、二〇一一年、ユーチューブにサウジアラビアの女性が車を運転している映像がアップされ、大きな話題になりました。運転してた女性はサウジアラビアの警察に逮捕され、十日間拘留されました。しかし、その後も彼女はフェイスブックで予告し、運転をしています。二度目、三度目は罰金刑で済んでいます。少しずつサウジアラビア政府の態度も軟化してきているようです。いまも彼女のアラビア語のフェイスブック・ページには二〇〇〇人以上の参加メンバーが登録されています。

私の友人にもサウジアラビアで育った女性がいます。父親はパレスチナ人ですが、裁判官をしていました。ほかにも父親がイラク人で外交官、母親がナースという友だちもいます。インテリ家庭に育った彼女たちもサウジアラビアでの生活には息苦しさを感じると言っていました。パレスチナ人の友人は結婚してから、サウジアラビアを出てアメリカに行きました。

サウジアラビアのあまりにも保守的な空気に息苦しさを感じている人はたくさんいると思いますが、サウジアラビアが変わっていく可能性は低いと思います。世界中が産油国であるサウジアラビアの今のままの政治的な安定を求めていますし、国民の生活も一部の人たちをのぞけば経済的にも恵まれています。息苦しくなったらヨーロッパに一カ月くらいバカンスに出かけて羽を伸ばすということができる人たちが少なくない。結果的に、いまの体制を容認する人たちが多数派なのです。

王家で意見が割れているのも、結局は権力闘争です。保守的な人はビン・ラディンのようなイスラム原理主義者を支援し、アメリカに近い人は米軍への基地の提供を積極的に勧める。どちらも同じ王家の人たちです。

●サウジアラビアのタブー

サウジアラビアで差別されているのはシーア派の人々だけではありません。ほとんど知られていませんが、サウジアラビアにはいまだに奴隷制度が残っています。

信じられないかもしれませんが、サウジアラビアの一部では、土地と人がセットになって売られています。よくあるのは、親から遺産としてある土地を相続すると、そこに住んで働いている人たちの所有権もついてくるというケースです。相続する際、遺言状のようなもののなかに、その一家の名前が相続される「モノ」と同じように明記されています。「奴隷」となっている彼らは遊牧民が多いのですが、その土地で家畜の世話などの仕事をして暮らしています。

この「奴隷」問題はサウジアラビアのタブーです。表だっては誰も言いたがりません。「奴隷」にされている当人たちもそのことに不満を述べたりはあまりしません。それどころか、自分たちが土地に付いている存在だということを認めたがらない人もいます。代々その土地で生きてきているので、意識せずに暮らせるからでしょう。奴隷的な立場にいることを把握していない人も多いのです。

しかし、彼らは公民権を与えられていないため、教育を受けることができません。読み書きを教えられる機会がないまま大人になってしまいます。彼らには身分証明書が発行されないので、土地や車などの売買契約を結ぶことも、結婚することもできません。長年の慣習とはいえ、放っておいていいことではないと思います。最近になってようやく、サウジアラビアの後進的な部分として報道されるようになってきました。

●砂漠をさすらう国籍のない人々

サウジアラビアだけでなく、湾岸諸国が抱えるもう一つの大きな差別問題があります。「ビドゥーン」と呼ばれる人たちへの差別です。「ビドゥーン」とは、アラビア語では「持っていない」「なし」という意味です。

湾岸の国々に住んでいた人々はもともと遊牧民でした。ヨーロッパによって国境に線が引かれるまで、砂漠を自由に行き来していました。しかし、ある日突然、国ができて国境線が引かれました。そして、すべての人々がどこかの国に属することを求められました。しかし、そのことを知らなかったり、知っていても反発を感じたり、半信半疑だったり、めんどうだったりして応じない人たちもたくさんいました。その人たちに対してサウジアラビアやクウェートは、ある期間までに申し出なかった人に国籍はあげませんでした。その結果、サウジアラビアやクウェートに住んでいるのに国籍を持っていない人たちが生まれてしまったのです。

国籍がないということは、社会福祉サービスが受けられず、普通の生活ができないということです。病気にかかっても保険がないし、教育を受ける権利もない。就職も結婚もできません。明らかに差別です。

政府側は、彼らはほかの国から産油国の特権ねらいで密入国してきたとみなしています。しかし、そうではない人のほうが圧倒的に多いはずです。

サウジアラビアに限らず、湾岸の国ではこうした問題がほかにもあります。しかし、ほとんど欧米には知られていません。ヒューマン・ライツ・ウォッチなどの人権保護団体も、こうした問題にはあまり触れたがりません。彼らは欧米の大企業の支援を受けており、指摘する問題の範囲が限られます。欧米のメディアが報じる「人権問題」は、その背景に政治的、経済的な思惑があることを疑ってかかったほうがいいと思います。

●イラク戦争後の「不都合な真実」

サウジアラビアから北東に視線を動かすと、イラクがあります。イラクはサウジアラビア以外に、ヨルダン、シリア、トルコ、イラン、クウェートと国境を接しています。ティグリス川とユーフラテス川が流れる平野部にメソポタミア文明が栄えた歴史的な土地です。

二〇〇三年のイラク戦争後、新体制になったイラクですが、「アラブの春」に呼応した動きがこの国でもありました。

イラクで起きたデモで民衆が要求したのは、雇用を増やすこと、役所のサービスレベルの向上、不規則な停電の解消、きれいな水の供給、透明化を含めた司法制度の改善などでした。

二〇一一年二月二十五日にはバクダッドで大規模なデモが行われましたが、この日、政府は自転車禁止令を出していました。にもかかわらず、数万人の人たちが徒歩でタハリール広場に集まりました。

バクダッド以外の地方都市でも、宗派、民族を問わずデモが起こっています。スンニ派が中心になったムーセル、シーア派のバスラ、クルド人たちのキルクークなどです。宗派、民族とは無関係だというのは、デモでわき上がったシュプレヒコールからもわかります。

「ノー・テロリズム！　バアス党反対！　マーリキ（首相）反対！」。

デモが各地で起きた結果、バスラの知事が辞任し、ファルージャの市長、市会議員も辞任しています。

とくに問題なのが宗派対立を解決するためという名目で、宗派ごとに権力を分配するようになったことです。

たとえば、イラクの大統領と二人の副大統領はスンニ派、シーア派、クルド人から一人ずつ選ばれることになっています。そのことで、かえって国民が宗派を意識するようになってしまいました。いま、イラクの大統領を務めているジャラル・タレバニーはクルド人です。

私はイラク人を何人か知っていますが、その誰もがアメリカと戦争する前には宗派を意識することはほとんどなかったと言っています。宗派に関係なく弾圧されるときには弾圧されるし、出世するときには出世していました。大事なのは宗派よりも、当時の大統領のサダム・フセインに対してどのような立場にいるかだったのです。ですから、スンニ派とシーア派の結婚もあり、共存していました。ですがいまは、宗派を意識させられることが嫌だ、と彼らは言っています。

もう一つは、ほかのアラブ諸国と同じように腐敗の問題です。コネを持っている人だけが優遇されています。そこで、宗派対立をあおるような政策への反対と、腐敗をあらためるように要求するデモが起こったのです。そこにはもう一つ、その二つの原因を作ったアメリカに対する抗議の意味も含まれていました。

しかし、イラク各地で起こったデモで数十人の死者が出たことはほとんど報道されませんでした。デモが警察や軍の武力によって鎮圧されることがあったにもかかわらずです。

報道されなかった理由の一つはこうした問題の根っこにアメリカの関与があったことが大きいでしょう。アメリカがイラクで作った政治システムに問題があり、腐敗もしていることを認めたくないのです。その結果、イラク戦争後、あたかもイラクは民主的な国家になったかのような印象を世界に与え続けています。

アルジャジーラはイラクの問題を報道していましたが、イラクにしかない腐敗であるかのような、特殊な問題として報じていました。

●戦争を持ち込むアルカイダ

シーア派が多数派のイラクでは、選挙の結果、イラク戦争後の首相は全員シーア派でした。スンニ派だったサダム・フセインの政権下では不満を感じることがなかったスンニ派のイラク人の一部が、アルカイダのような保守的原理主義的傾向に向かいました。それだけではなく、アルカイダはシーア派の人たちを同じイスラム教徒として認めていないため、毎日のようにシーア派の人口が多い地域や、シーア派の巡礼地で爆破事件が起きています。あまりに頻繁に起こるため、残念なことに報道価値がなくなり、数十人の死者が出ない限りニュースにもならない状態です。

アラブでは戦争になると、現地の人が戦うだけではなく、外から自分たちの戦争を持ち込む勢力が現れます。たとえば、アルカイダは、対アメリカ、対シーア派の戦争をイラクに持ち込み、レバノンでもシリアでも同じことが起こっています。政情が不安定な国に、自分たちの主張する対立軸を持ち込み、テロ行為で戦争を煽ります。

アルカイダは一つのまとまった組織ではありません。サラフィ、原理主義的なイデオロギーを信奉するグループがあちこちにあるだけで、命令系統が一つではありません。ムスリム同胞団もそうですが、指導者の教えがあればドクトリンとして機能し始めます。そのため、いろいろな国でアルカイダを名乗る人たちが活動し、事件を起こしています。

ですから、実際には、自分たちが名乗っているだけで、アルカイダグループを捕まえても、全体から見れば一部にすぎないのです。しかも、意図的にアルカイダが起こした事件として片付けることで、政治的な成果を得ている場合もあると思います。

また、アルカイダのなかに情報機関から送り込まれている人たちもいます。彼らが起こす行動が何を目的にしているかは注意深く見る必要があると思います。

●「石器時代に戻った」イラク

イラクの人たちが求めているのは「民主主義」です。しかし、それはアメリカから押しつけられたものではなく、イラク人たち自身によるイラクに合った民主主義です。どういう民主主義がイラクに合っているのかについてはイラク国内でもいろいろな議論がありますが、少なくともアメリカがよしとする政治家がリーダーを務めることが望まれているのではなく、イラク人がよしとする政治家が政治に力を発揮してほしいと思っています。見た目では民意に基づいた政府ができているような印象を与えますが、実際には宗派ごとの対立を深めるシステムになってしまっています。

実際、いまのイラクはアメリカのコントロールを離れ、多数派を占めるシーア派の意向でイランに接近しつつあります。あんなに激しい戦争をして、五万人以上も亡くなったのに、結果として、アメリカと対立するイランに有利な状況を作ってしまった。アメリカは戦略を間違ったと思います。イラクで反米の気運が高まれば、これからどんな状況になるかわかりません。

オバマ大統領は就任演説で、十六カ月以内に駐留米軍をイラクから完全撤退すると約束していましたが、就任三年目の二〇一一年十二月十八日まで先送りされました。イラク政府側の強い意向がなければ撤退はかなわなかったでしょう。しかも、いまだに非戦闘員や軍関係の職員を約一万六〇〇〇人も大使館員という名目で残しています。

よくアメリカがいまのイラクのほうがいいでしょう？　と発言するのですが、ヌーリー・アル＝マーリキー首相はそれに応えて面白い発言をしています。「石器時代に等しかった二〇〇四年に比較すればたしかに良い」と。

イラク戦争はアメリカが石油利権を目的に起こした戦争だと言われていますが、その言葉を裏付けるかのように、戦争をはさんで有力な石油関連のオーナーシップを取得しています。ですから、もともとの目的は果たしているのかもしれません。

●イラクが抱えるクルド人たちの独立問題

イラクは国内にクルド人の独立問題という火種も抱えています。

クルド人はイラク、トルコ、シリア、イランにまたがって住んでいますが、自分たちの国は持っていません。それぞれの国で独立を訴えて反政府運動をやっています。

イラクの場合、クルド人が自治政府を作っているのは石油が出るイラク北部です。したがって、クルド人に独立されてしまうと石油の採掘権を取られてしまうので、イラク全体にとっては不都合です。

トルコでも同じような事情があり、クルド人が住む土地は水資源があることで知られています。そのため、トルコもクルド人の独立を許すわけにはいきません。また、同じようにシリアのクルド人が住む地域はシリア国内でも農作に適した北シリアで、そこを取られるわけにはいかないのです。イランも石油が出る地域にクルド人のコミュニティがあります。どこの国でも、クルド人は人口が多く、重要な土地にクルド人が住んでいるので、独立させるわけにはいかないのです。

クルド人はそれぞれの国で、独立運動や反政府運動を行っています。そこで新たな矛盾が起こります。イランとイラクは、イラク戦争前までは戦争するような緊張関係にありましたが、イランはイラク国内のクルド人の運動を支援し、イラクはイラン国内のクルド人の運動を支援していました。それぞれ、敵の敵は味方という関係にあったわけです。それと同じようなことがシリアとトルコの間でも起こりました。

クルド問題は、クルド人自身の独立への切実な思いとは無関係に、その国の政情を不安定にさせるための道具として使われてきた歴史があるのです。

●王政に変化を求めたヨルダン国民

イラク西部と国境を接しているのがヨルダンです。イスラエル、パレスチナ自治区、サウジアラビア、イラク、シリアと国境を接しています。

パレスチナ自治区の隣に位置するため、ヨルダンの人口の約四分の三がパレスチナ人です。パレスチナ人の人口が多いのは、イスラエルがパレスチナを分割して建国して以来、イスラエルとの間で起きた戦争から逃げてきたパレスチナ人が定住しているからです。

ヨルダンは砂漠地帯が多いので、もともと住んでいた人はベドウィンなどの遊牧民です。そこへイスラエルとの戦争で土地を失ったパレスチナ人や、パレスチナ解放運動のためにヨルダンに拠点を作った人たちがやってきました。

政治は立憲君主制ですが、首相は国王が指名します。

ヨルダンも「アラブの春」と同じ頃にデモが始まりました。チュニジアと同じで、デモの中心は左派です。ヨルダンは物価が高く、その反面、最低賃金が安いので生活がたいへんです。そこで左派の勢力が強くなります。

二〇一一年一月二十一日に起きたデモでは、物価の上昇とインフレ、失業率の悪化への不満を訴え、リファイ首相の辞任や政権打倒や減税を要求しました

ムスリム同胞団はそうした国民の経済的な不満を政治改革の要求へと転換させようとし、比例代表制の選挙の実施と、王の任命ではなく選挙で首相を選べるように憲法改正することを要求しました。

ヨルダンで起きていたデモについて報道されなかったのは、王政への反対が表明された運動だったからという理由があります。サウジアラビアやバーレーン、カタールと同じ王政なので、王政への反対運動はあまり報道したくないというメディアのバイアスがかかっ

ていました。今回のヨルダンのデモがこれまでとは違ったのは、デモの参加者の多くが王家の支持基盤である地方に住む人々だったことです。彼らの多くは公務員で、政府から与えられた特典が生活基盤になっています。ところが、最近の政府の経済政策が公共事業の民営化や、海外投資に向けられているため、地方が軽視されているという不満が高まっていたのです。

ヨルダンでは警官とも対立して、死者はそれほどでもありませんでしたが、けが人も出て、政治犯として獄中にいる人も少なくありません。

もともと昔から獄中にいた政治犯の釈放や、国の腐敗をあらためることや、政治システムの改良を要求していたのですが、オマーンのように、国王がちょっとした変化を容認することで、デモが沈静化しました。国王が容認した変化とは、まず、一月十二日に減税と、砂糖と食用油を購入するための補助金を配ること、次いで、一月二十日には軍人を含む公務員の給与を二八ドル（約二二五〇円）上げるということでした。

そして、二〇一一年二月一日にサミール・リファーイー内閣が総辞職しました。

ヨルダンはタイと似ていて、国王は国民から一定の尊敬を受けています。バーレーンのように王政を打倒するというよりは、より民主的な政治システムを求めたり、内閣を打倒したいという思いのほうが強かったのです。

●国王が妥協したモロッコ

ヨルダンの王家、ハーシム家は預言者ムハンマドの血統で、イスラム帝国の第四代正統カリフ・アリー（ムハンマドの従兄弟です）とムハンマドの末娘ファーティマとの息子、ハサンの末裔《まつえい》と自称しています。同じように、ハサンの末裔だと名乗っているのが、モロッコのアラウィー王家です。

中東から北アフリカへふたたび視線を移動すると、アルジェリアの隣、北アフリカの西端にモロッコはあります。海を渡ればスペインです。

現在のモロッコは立憲君主制ですが、国王の権限は大きく、議会の解散権や条約の批准権を持っているほか、軍の最高司令官です。

モロッコもヨルダンと同様、多くの国民は王家の存続を認めています。左派が求めていたのは、国民の生活水準の向上と、政府の腐敗をなくすことです。

モロッコは貧困率（生活水準が相対的貧困の下限を下回っている世帯員の割合）が15パーセント、識字率が56パーセント。十五～二十四歳の失業率が22パーセントです。

二〇一一年二月二十日に大規模なデモが計画され、フェイスブックやユーチューブでデモの様子が広められました。デモに参加した若者たちは「二月二十日運動」とこの運動を名付け、各地で同様のデモが起こりました。

デモに参加した人たちが訴えたのは、欧米で認められているような市民の自由、教育への予算が不十分で識字率が低いままであること、健康保険が充分に機能していないこと、経済格差、政府の腐敗、選挙の不正などでした。経済改革と政治改革を彼らは求めていたのです。

デモは首都のラバトのほか、カサブランカ、マラケシ、タンジールなど六〇を超える町で行われました。とくにラバトでは、三万七〇〇〇人の民衆が国会前に集まりました。デモを沈静化するために、内閣が総辞職し、憲法を改正して国王の権力を少しだけ弱めるなどの譲歩が行われましたが、問題の本格的な解決はまだです。その後もデモは続いています。

●モロッコが抱える西サハラの独立問題

モロッコが抱えている国内問題としては、西サハラの独立問題があります。

モロッコの南側、西サハラに独立を主張する「ポリサリオ戦線」という勢力がいます。一九七六年には「サハラ・アラブ民主共和国」として独立を宣言しています。隣国のアルジェリアは「ポリサリオ戦線」を支持しています。その後、この地域は戦争にまで発展しましたが、一九九一年に停戦。しかし、まだ独立問題は解決していません。「サハラ・アラブ民主共和国」を国連は承認せず、アラブ連盟にも加盟していませんが、アフリカ連合（AU）には加盟しています。そのため、モロッコはAUには加盟していません。

また、モロッコだけの問題ではありませんが、北アフリカには先住民のベルベル人がいます。彼らはアラビア語とは別のベルベル語を話し、イスラム教を信仰しています。モロッコのなかで、ベルベル人の言葉や文化を教育する権利を認めるべきだ、と主張する人たちもいます。民族問題、地域問題、経済問題、政治問題がありますが、それらを国王の権威で押さえ込んでいる状態です。

そのため、国民の要求に応えることには慎重な国です。要求を認めてしまうと、ほかの要求も次々に受け入れざるをえなくなってしまうという不安があるからです。

第 6 章

メディアが伝えない シリアで内戦が激化する本当の事情

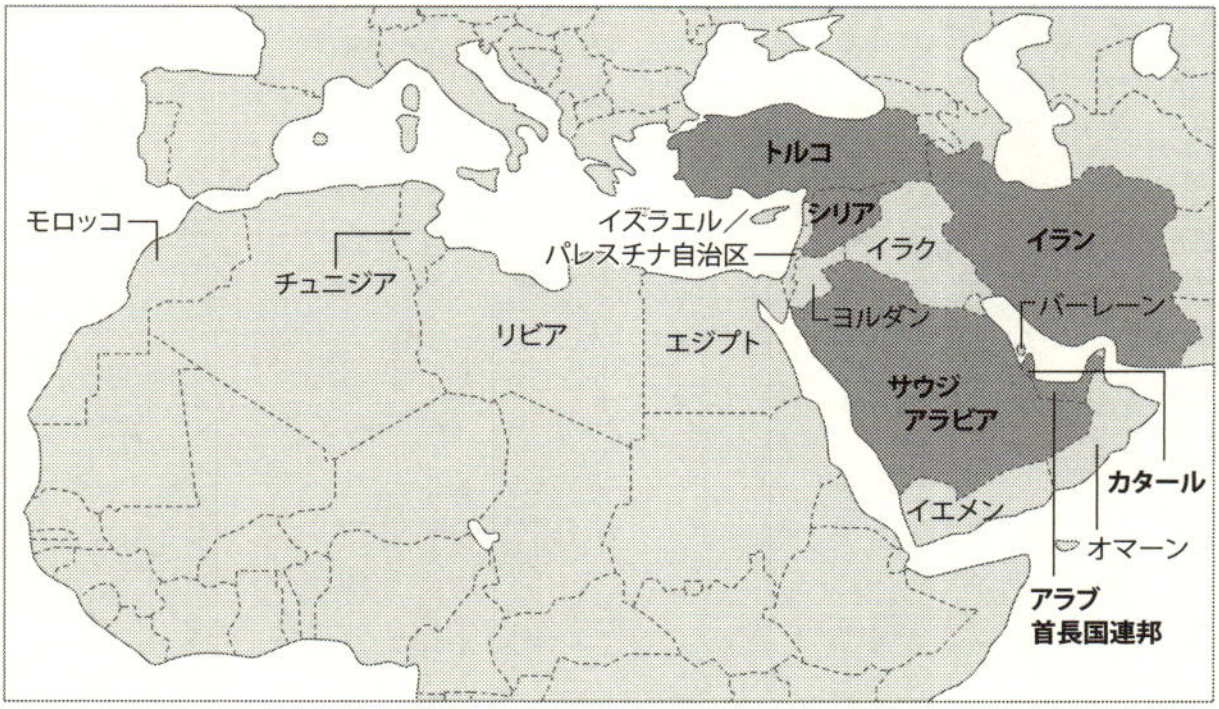

●遅れて始まったシリアのデモ

ヨルダンの北にあるシリアは、トルコ、イラク、レバノン、イスラエルとパレスチナ自治区に囲まれています。

シリアも「アラブの春」に刺激され、フェイスブックでデモを呼びかけたりする動きはありましたが、実際に人々が街に出てデモを始めるまでには時間がかかりました。

シリアでは二〇一一年二月三日からフェイスブックに金曜日の「怒りの日」デモをやろうという呼びかけがありましたが、集まった人は少なくほとんど反応がありませんでした。

その理由の一つはシリアでフェイスブックが閲覧可能になったのが最近だったため、参加している人がまだ少なかったからです。そして、もう一つは、フェイスブックで「シリアの革命」ページを作った人たちのほとんどが海外から呼びかけていたからです。国内にいる人たちからすれば、海外の人たちからの呼びかけは、安全なところにいて、あおるようなことをするのは卑怯だと感じる人が多かったのです。デモを呼びかけたのはイギリスなど海外にいる反アサド政権の人たちでした。

シリア国内で政治的な活動に関われば、それだけで政治犯として逮捕されてしまう可能性もあるので、そんな危険なことを呼びかけるなんて、と反感を持ったのも無理はありません。

もともとシリアの人たちは政治的なことへの関心が薄い傾向にありました。デモに参加したり、政治について自由に語ることはいままで許されていなかったし、強権的な政府からの弾圧を恐れる気持ちもあったと思います。

●アサド父子政権の四十年

ここで簡単にシリアの歴史を振り返っておきましょう。

一九四六年にフランスから独立したシリアは、一度はエジプトと連合国をつくりますが、ほどなくして解消し、一九六一年に再独立。バアス党が政権を握ります。そして、一九七〇年にハーフィズ・アル＝アサドがクーデターを起こし、翌年大統領に就任します。このハーフィズ・アル＝アサドがいまのアサド大統領の父親です。二〇〇〇年に亡くなると、その跡を継いで、次男のバッシャール・アル＝アサドが大統領になります。

シリアはもともと政情不安定な国でした。しかし、父親のアサドがクーデターを起こして政権をになうとようやく安定します。とはいえ、父親のアサド政権下でも一度だけ不安定な時期がありました。一九八〇年代のことです。ムスリム同胞団の活動がシリア国内で活発になり、政府はその動きを弾圧しました。

一九八二年、ムスリム同胞団が集まっているハマーという街を一カ月たらずの間に封鎖して空爆しました。そのとき、欧米の観測では一万人ほどが殺されたのではないかとされています。

父アサド政権はその当時からイスラム原理主義者と戦っているんだ、と発言していました。ですから、9・11後にアメリカのブッシュ政権が「テロとの戦い」を表明したときには、「いままでずっと私が批判されてきた一九八二年の空爆はテロとの戦いだった」とシリア政府の関係者は口を揃えて言いました。

ムスリム同胞団は先述したように国によって少しずつ組織や目的、政治手法が異なります。シリアのムスリム同胞団は武力を手段として使ってきました。一九八〇年代にはバスを爆破するなど一般市民を巻き添えにするテロ活動を行っていました。

●政教分離をうたうバアス党

もともと父アサド政権の政治基盤は強固なものではありませんでした。アサド家はアラウィ派というイスラム教のなかでもマイノリティの宗派で、シリアの社会には、ドゥルーズ派、シーア派、クルド人、キリスト教徒、アッシリア人、アルメニア人、シャルカス人などほかの宗派や民族も存在しますが、シリア全体では約七割がスンニ派です。つまり、バーレーンと同じように、マイノリティがマジョリティを支配するというねじれ現象が起こっています。

父アサドが率いるバアス党がシリアを統治する以前は、その逆で、スンニ派が政権と社会的地位を握っていて、スンニ派であれば社会的にいいポジションにつきやすかったのです。アラウィ派は差別されていました。スンニ派の人たちとは結婚が許されず、就職も農業か清掃がほとんどでした。イスラム教ではないとすら言われていました。

唯一、出世できる方法が軍隊に入ることでした。そこで、優秀なアラウィ派の子弟は軍に入り、そのなかから父アサドが現れ、政権奪取に成功しました。

バーレーンとシリアの違いは、バーレーンは王政ですが、シリアは大統領制だということです。また、シリアのバアス党は政教分離をうたっているため、宗派対立は本来は起こらないはずなのです。

バアス党はアラブ・ナショナリズムを信奉し、政教分離と社会主義を理念としています。

欧米が植民地にするときに作った国境は、アラブ人を分断することによって宗主国が支配しやすくするためのものだったという考え方です。バアス党は「団結・自由・社会主義」というスローガンを掲げながら、アラブの結束と、アラビア語を元にしたアラブ・アイデンティティを再建することで、力が生まれるという考えを持っています。

しかし、これもまたややこしい話なのですが、イラクのサダム・フセインが属していたイラクのバアス党と、父アサドのバアス党は別の組織で、それどころか、最大の敵でもあったのです。

それはイデオロギーの違いではなく、バアス党内の権力争いに端を発した対立でした。イラクもシリアも植民地下にあった一九四〇年にバアス党が誕生したときには一つの組織でしたが、サダム・フセインがイラクでクーデターに成功したときに、バアス党の前の仲間たちを粛清したり、投獄したりしました。

サダム・フセインの粛清を逃れてシリアにやってきたバアス党員もいたことから、シリアのバアス党はサダム・フセインを裏切り者、敵と見なすようになりました。一方、イラクから見れば、シリアは政治犯をかくまっているという見方になります。アサドがシリアで権力を掌握した時も、バアス党内の反対派を粛清し、国外へと追放しました。そこで、二国が対立するようになりました。

●メディアがあおる宗教対立

バアス党政権下では、社会主義の理念のもとにすべてを党がコントロールするシステムになっています。教育や福祉などの現場でもバアス党が重要な役割を果たし、労働組合などもバアス党の枠組みのなかにあるものでした。シリアには共産党などの政党もありますが、父アサド政権の時代に弾圧されてきました。

バアス党が政教分離をうたっているため、ムスリム同胞団などのイスラム原理主義者に対する弾圧もありました。ここで、宗派の違いがクローズアップされてしまいます。バアス党の中枢にいるのがアラウィ派であるため、スンニ派から見れば同じイスラム教と認めたくない宗派であるため、スンニ派のムスリム同胞団にはより憎むべき相手に思えてしまったのです。それまで差別してきたアラウィ派が政権について、自分たちが冷遇されていると感じたのでしょう。

教育も受け知的な職業に就いている人たちでさえ、話がスンニ派、アラウィ派の話になると、突然、差別的になるという経験をしています。宗派対立を避けるために政教分離を掲げても、宗派を忘れて手を結ぶことは難しいのでしょう。スンニ派の人たちがアラウィ派の人々を恨んでいるように、アラウィ派の人たちにしてみれば、スンニ派の人たちが政権を握れば、また差別されるという恐怖や不安があるのです。

しかし、ここには宗派対立をあおる情報バイアスの存在もあります。欧米の報道によると、シリアではアラウィ派の人たちが政権の要職を独占しているとされていますが、実態は異なります。スンニ派で政権中枢に近いところまで出世した人も少なからずいます。それはイラクでスンニ派だけが権力を握っていたと報道されていたのとまったく同じで、宗派対立をあおろうとする意図を感じます。

バアス党は政教分離を掲げている政党です。イデオロギーが同じであれば、キリスト教徒だろうとドゥルーズ派だろうと政権内部で出世する可能性はあります。ただ、バアス党の党員だということが条件ですが。

●父アサドを倒そうとした男

父アサドは二〇〇〇年に亡くなるまで二十九年にわたって政権の座にありました。その間に、一族の間で問題が起きました。

父のアサド大統領の弟で革命防衛隊司令官を務めていたリファアト・アル＝アサドがクーデターを計画したのです。父アサドが心臓病で入院中、国家運営をになう「六人委員会」を設置しました。しかし、委員のなかにはリファアトは含まれていませんでした。六人は全員、スンニ派で、父アサドのシンパといえる人々でした。

「六人委員会」の構成について、アラウィ派の軍人のなかに不満が生じ、リファアト側につきました。リファアト派は五万五〇〇〇人の軍人を抱え、兵站《へいたん》も押さえました。クーデターが成功するかに見えましたが、一九八四年に父アサドが退院し、公務に復帰すると、すべての軍人が父アサド側につき、リファアトのクーデターは失敗しました。

父アサドはリファアトとの和解を示すために、副大統領に任命しましたが、それは名目だけのもので、権力とは無縁のポストでした。しかも、リファアトはソ連に無期限の「労働訪問」に行くよう命じられます。しかし、リファアトはソ連からフランスとスペインに生活拠点を移します。一九九八年まで副大統領のポストはリファアトのものとされていましたが、実質的には亡命生活を送っていました。

それ以来、海外でリファアトは反アサド政権の立場で活動しています。本人は国外追放されましたが、コネを使って息子や親族がシリア国内でプライベートビジネスを発展させています。そして、その資金をもとに、反シリアの放送をするANNという衛星放送を設立しました。ANNはつねに反シリアの報道を続けています。

シリアの四分の三の家ではアンテナを立てて衛星放送を見ています。アンテナは一五〜二〇ドル程度。まだ法律で許されてはいませんが、なしくずしに普及し、黙認されている状態です。

●デモの始まりは「子どもの落書き」だった

二〇一一年の四月、五月、六月と、散発的に小さなデモは起きていました。始まったのはダラーです。あるできごとがきっかけでした。

それは小中学校の生徒たちが黒板に反アサドの落書きをしていたら、秘密警察に連行され、「拷問」されたことでした。しかも、子どもたちは一晩留置場ですごしました。

子どもたちの親が、子どもたちに対して学校で罰を与えるのではなく、秘密警察に連行されるのはやりすぎだ、と抗議のデモを始めました。はじめは小規模でしたが、やがて大きなうねりになっていきます。

しかし、私は当初、シリアでは反政府デモはそれほど大きなものにはならないだろうと予測していました。

なぜなら、チュニジアやエジプトを見ても「アラブの春」が盛り上がる要因は、経済的な怒りと政治的な怒りだったからです。経済的な怒りは生活が苦しいということと腐敗に対して不公平感を感じることです。政治的な怒りは政府が欧米に接近して、アラブの同胞であるパレスチナを支援したいという国民の思いが政治に反映しないことです。

その二つの面から見ると、シリアは社会主義国なので、ほかのアラブの国と比べると、経済格差は小さく、貧困層にはお米や砂糖など現物支給で支援するなどの福祉が充実しています。エジプト、チュニジアのように支配勢力に腐敗はありますが、政治的には反イスラエル、パレスチナ支持を明確に打ち出しています。腐敗をのぞけばある程度は満足できている国だったと思います。「発言の自由」はかなり制限されていましたが、ほかのアラブ諸国も似たような状態でした。

では、なぜ、あるときからシリア情勢が不安定になっていったのでしょうか。タイミングを考えればその理由が見えてきます。

リビアでカダフィ政権が倒されてから、メディアが突然、シリアに目を向け始めたのです。メディアの報道によって世界からの注目が集まり、国内の反政府勢力の活動も活発化し始めました。

シリアはその後、内戦状態になってしまいましたが、反対勢力に武器が密輸入されなければこれほどひどい殺し合いにはならなかったと思います。反政府の活動家が一万人殺されたなどとメディアは報道していますが、もちろん、政府側の犠牲者も出ています。

●政府軍になすりつけられたテロ

私は二〇一二年の一月に取材のためにシリアとレバノンに二カ月間行きました。その直前と滞在中に自爆攻撃がありました。反政府勢力とアメリカはアサド政権が仕掛けたものに違いないと言ってすぐに非難しました。

しかし、自爆攻撃があった場所、犠牲者の層から考えても、反政府勢力の攻撃としか見えませんでした。そもそも自爆攻撃は政府軍のやり方ではありません。爆弾を仕掛ける、空爆をする、暗殺というやり方はあるにせよ、自爆攻撃というやり方を正規軍が使うとは思えません。また、今までも自爆攻撃はムスリム同胞団、アルカイダがとってきた方法です。場所も警察署の前で、二六人の警察官が亡くなっています。

シリア内のムスリム同胞団は一九八二年の弾圧以来、ずっと武器を蓄積してきました。

加えて、サウジアラビアの支援でレバノンやトルコからシリアに武器や爆発物が大量に輸入されてきました。その結果、武装した勢力が拡大しています。

常識的に考えれば、こうした自爆攻撃を政府側が仕掛けるということはありえません。しかし、メディアは犠牲者が出るたびに、政府側に責任を求めました。政府側が発言をしても信用されない状態に陥っています。シリア国内にいて見聞きしたことから考えると、かならずしも内戦のすべての責任を政府に負わせることはできないと思います。

秘密警察本部、治安部隊の本部を自爆攻撃するということは、政府にとっては不利になることです。ですから、たとえばアルカイダのような反政府勢力が仕掛けているのではないかと感じていましたが、メディアはシリア政府犯人説を曲げませんでした。しかし、その偽りの報道がだんだんと暴かれてきて、最近はアルカイダ説も唱えられるようになっています。

自爆用の爆弾を作っている途中にミスで爆発させてしまい、亡くなってしまった人がいました。その人が、レバノンでずっと指名手配されていたアルカイダのレバノン人でした。レバノンのメディアにも彼がシリアに潜入しているという情報がすでに流れていましたが、確認できないままでした。しかし、彼が亡くなったことで、シリア国内の各地で爆弾製造のレクチャーをしていたことが判明しました。

●偽装された虐殺事件

二〇一二年五月二十五日から二十六日にかけて、シリア中部の街ホウラで、少なくとも一〇九人の犠牲者を出した虐殺事件が起きました。子どもがそのうち四九人、女性が三四人でした。この事件について国連安保理は早速シリア政府を批判しました。

アメリカと国連がシリア政府を非難する声明を出したことで、「犯人」はシリア政府ということになっていますが、しかし、アサド大統領もこの虐殺事件はテロだとして批判しています。政府側と反政府側、どちらが引き起こした虐殺なのかはっきりしないまま、政府側がやったことになっています。

しかし、私はこの虐殺事件が政府によるものだったのかに疑問を持っています。

というのは、虐殺事件が起きたホウラは九割がスンニ派の街です。虐殺が起こったとき、この街は反政府勢力の支配下にありました。そして、国連調査団が入ったときにわかったことですが、一〇八人中、二〇人ほどが戦車の砲弾により亡くなっていますが、そのほかの子どもや女性たちの犠牲者のほとんどが首を切られて亡くなっていました。もしくは至近距離から拳銃《けんじゅう》で撃たれています。

このことは何を意味しているのでしょうか。

まず、首を切る、至近距離から撃つということは、犠牲者のごく近くにいた人がやったということです。反政府勢力は、この犯行をアラウィ派のシャッビーハという暴力集団によるものだと断じています。ビデオ撮影した映像がニュースなどで流されました。

しかし、反政府勢力が実効支配している街に、シャッビーハが入るのは難しい。ナイフで首を切るのはシャッビーハのやり方ではないのです。むしろ首を切る殺害方法はイスラム原理主義者のやり方です。

今年六月、ドイツの有力紙「フランクフルター・アルゲマイネ」紙が報じたところによると、亡くなった人たちの多くがアラウィ派、キリスト教徒、元アラウィ派でスンニ派に改宗した人、元スンニ派でシーア派に改宗した人、スンニ派の国会議員の家族だったそうです。アラウィ派、キリスト教徒の人たちは親アサド、スンニ派に改宗した人はスパイの嫌疑をかけられ、国会議員の家族はアサド政権に協力する裏切り者として殺されたのではないか、という推測を記事の中で述べています。

つまり、ホウラの虐殺は、反政府勢力が親アサドと目された人たちを殺害したことが実態であり、さらにその罪をアサド政権になすりつけることで、NATOなどの軍事介入のきっかけにしようとしたのではないかということです。非常に詳細に検証されているレポートが掲載されたのがドイツの新聞だったということもあって、その後はその説もわずかながら報じられています。

●内戦は宗教対立が原因ではない

シリアを外から見ていたときには、シリアで起こっていることは、アラウィ派（アサド大統領）とスンニ派（反政府勢力）の権力争いから始まった内戦に見えていました。

しかし、実際にシリアに行き、内側からこの国で起こっていることを見ると、考えが変わりました。

首都ダマスカスで、中産階級に属するスンニ派の人たちに話を聞きましたが、意外なことに、アラウィ派のアサド大統領を支持していました。シリアの反政府勢力の言い分を聞くと、シリアではアラウィ派、キリスト教徒という少数派が、多数派であるスンニ派を支配するために、さまざまな抑圧を加えているという印象でしたが、かならずしもそうではないようです。

たしかに腐敗は問題だし、改善すべき問題点はたくさんあるという認識は中産階級のスンニ派も持っていました。しかし政権を倒すところまでは願っていない。いまの政権のままでいいからもっと自由が欲しい、腐敗をやめさせてほしいという願いを多くの人が語っていました。中産階級の人たちは安定を求めています。政権が倒されることによって生じる混乱は求めていません。ましてやシリアが内戦状態になってしまうなど、もっとも避けたい事態なのです。

アラウィ派の支配にスンニ派の人たちが反対しているところに問題の根があると思っていたので、アラウィ派対スンニ派という構図ができていると思っていたのです。ところが、そうではありませんでした。

また、チュニジア、エジプトの例を見てきて、「民主化革命」後にムスリム同胞団などの保守勢力政権がいまのアサド政権よりも果たしていいのか疑問を感じている人たちもいます。

●改革派だったアサド大統領

現大統領のバッシャール・アル＝アサドは本来は父から大統領を継ぐべき人材ではあり

ませんでした。アル＝アサドにはバースィル・アル＝アサドという兄がいて、その兄が軍で出世し、次のリーダーになるべく経験を積んできました。私の知っている人のなかにはその兄と対面したことのある人もいましたが、腰の低い好人物だよと印象を語っていました。彼は質素で、父アサドとの確執で国外に追放された叔父《おじ》のリファアトとその家族とは大違いだ、と。

しかし、一九九四年四月にバースィルは空港へ向かう途中で交通事故を起こし、亡くなってしまいます。

そして、後継者となるべくキャリアを積んできた兄の遺志を継ぐかたちで、次男のバッシャールが大統領を継ぐことになりました。バッシャールはロンドンで医学の勉強をしていた眼科医で、妻はイギリスで生まれ育ったスンニ派シリア人です。兄が亡くなったことを機に、父アサドにロンドンから呼び戻され、軍に入隊し、キャリアを積んでいきます。

そして、二〇〇〇年に父アサドが亡くなると、その後継者として国民投票の結果、大統領となります。

バッシャールは海外での生活も長かったために、就任直後は改革への意欲が強かったと思います。大統領になる前は父の横で、汚職疑惑があったマフムード・ズウビー首相の内閣を総辞職させ、新首相を選んでいます。しかし、大統領になってみると、腐敗を一掃することの難しさに直面します。アサド父子の長期政権を維持する土台となってきたのが、まさに腐敗の温床となるさまざまなしがらみだったからです。

また、バッシャールが後継者となることを決意してから、父アサドが亡くなるまでに時間があまりなかったことも不利に働いています。軍でのキャリアを積んできた兄とは違って、わずか六年間で軍および政府を掌握しなければならないため、それまで利権を握ってきた実力者たちを排除することは難しかったのです。バッシャールの支持基盤はまだまだ脆弱《ぜいじゃく》でした。

バッシャールがシリア政府の仕事に関わるようになってから、妻とともに改革を進めてきました。たとえばインターネットの普及であり、ケータイ電話の普及でした。フェイスブックのシリア版を許可したりもしました。

今までそうしたコミュニケーション・インフラが規制されてきたのは、シリアがイスラエルとの準戦時体制にあり、スパイに利用されるおそれのある新しい通信網へのアレルギーがあったからです。

またNGOもシリアでは認めていませんでした。NGOを装って各国からスパイが侵入し、スパイのネットワークを作ることがよくあったからです。しかし、バッシャールはNGOやNGOの寄付を許可したり、プライベートバンクの設立を許可したり、開明的な政策を実行していきました。こうしたことは国民には知られていましたが、国外からの評価はあまり高くなかったようです。

私がシリアに行ったときには、アサド個人の問題よりも、政府全体の政治システムの構造を問題にする人たちが多く、アサド個人についての批判はほとんど聞かれませんでした。

一つアサドに問題があるとすれば、彼の一族が腐敗に関わっていることでしょう。父アサドの妻の兄弟にあたるモハマド・マフルーフはもともと経済力を持っていましたが、息子のラーミー・マフルーフ（バッシャールの従兄弟にあたる）は現在、シリアのケータイ電話会社のほか、二つの銀行、建設会社、航空会社、二つのテレビ局、高級車やタバコの輸入、石油産業などの企業を経営しています。親子は政治権力や司法の力でライバルを退けてきました。

また、バッシャールの義兄のシャウカットは今回のシリア内戦が始まってから、軍を裏で仕切っていると噂された人物でした。しかし、二〇一二年の七月に反体制勢力によって暗殺されています。

●「ハイジャック」されたデモ

首都ダマスカスで話を聞かせてくれたスンニ派の人たちは、デモの初期には参加していたそうです。腐敗への抗議と、自由を求めて参加したのですが、やがて参加しなくなったと言います。

「デモがメディアで報じられると、アサド政権を倒すという目的にすり替えられていった」、「デモが暴力的になると海外からの軍事的な介入を招いてしまう危惧がある」、「リビアやイラクのようにシリアが戦争に巻き込まれてしまう」

彼らはそう口を揃えて言っていました。「自分たちの運動がハイジャックされたような気分だ」と。

では、彼らの思いを乗っ取って、利用しようとしたのは誰だったのでしょうか。

いま、メディアで報道されているシリアは完全な内戦状態にある国ですが、実際に訪れてみると、戦闘が行われている地域はごく限られています。しかも、その地域はムスリム同胞団の影響力が強い場所がほとんどです。今ではシリア各地に戦火が広がっています。

シリアがほかの国と違うのは、国内の反政府勢力と、国外の反政府勢力の間に連携がないことです。国外にいる人は、シリア以外の国で成功した人たちなので、国内にいる人権や民主主義を訴える活動家とつながりがないことがわかったのです。

私はアサド政権に反対して、何度も獄中に入ったという政治犯にもインタビューしました。彼らはムスリム同胞団に属するスンニ派の保守的な人々でしたが、いまの反対勢力の動きはおかしいと口々に言っていました。

彼らのなかには国会議員を務めたことのある人もいて、アサド政権下でも発言の機会はあったと言います。それが、一気に内戦状態へと突き進んでしまったのは解せないというわけです。

つまり、彼らが疑っているのが国外の勢力が反対勢力に関与しているのではないか、ということです。シリア国民のことを考えたうえで反対運動を起こしているようには見えないと感じているのです。

●反シリアの立場にある外国勢力

シリアの反政府勢力には、大きく分けて国内グループと国外グループとがあります。

国内で大きな勢力を持っているのが「ＮＣＣ」。「民主的変革のための全国調整委員会」

（National Co-ordination Committee for Democratic Change）です。左派と政教分離派（世俗主義者）が合流したグループで、十三の左派的な党と、三つのクルド民族主義の組織が含まれています。

一方、国外グループの代表格は「ＳＮＣ」。「シリア国民評議会」（Syrian National Council）です。海外に住んでいるシリア人たちとムスリム同胞団が中心で、クルド人組織が一つ含まれています。

ＮＣＣ以外にも、国内で活動していますが、国外で活動しているＳＮＣと交流がある組織が国内に二つあります。一つは「地域調整委員会」（Local Co-ordination Committees of Syria）、もう一つは「革命最高評議会」（Supreme Council of the Syrian Revolution）です。どちらも反政府運動をしている小さなグループをつなぐ連絡会議と情報公開が主な活動で、武装闘争はしていません。

国内で、ほかのグループと関係なく行動している「シリア革命総合委員会」（Syrian Revolution General Commission）というグループは武装闘争をしています。ＳＮＣと交流していた時期もあったのですが、ＳＮＣ内部の権力闘争に嫌気がさして関係を絶ったようです。

ＳＮＣはシリアに対して、当初は海外からの軍事介入には反対していました。リビア、アフガニスタンのようにシリアがなってしまうことを避けたかったからです。海外から資金を集めて、シリア自由軍（Free Syrian Army）に提供したり、難民支援に使うことを予定しています。しかし、その資金の使途には不明瞭な点があり、腐敗があるのではないかという疑惑があります。また、組織内での権力闘争も後を絶ちません。

また、シリア国内の反政府武装勢力としてニュースで名前が出るシリア自由軍は、元シリア軍人が名乗っていた武装勢力ですが、その後、民間人が合流しています。はっきりとした組織ではなく、各地域でシリア自由軍を名乗る武装グループが政府軍と衝突しています。

今回のシリアの混乱を受けて、欧米や中東、トルコまでを加えた関係諸国による連絡グループ「シリアの友人」が作られました。

今年二月にチュニジアで初会合が開かれ、四月にトルコで第二回の会合が、七月の第三回はパリで開かれています。「シリアの友人」はアサド政権に対し、経済制裁などの措置を呼びかけていますが、それだけではなく、ＳＮＣを「全シリア人の正当な代表」として、国際社会の窓口とすることを決めています。

しかし、シリア国民の意思を問わずに、外国で開いた会合で特定の勢力を窓口にすると決めるというのはおかしなことではないでしょうか。「シリアの友人」のパリでの会合には約一〇〇カ国が参加していますが、ロシアと中国は欠席しています。つまり、ここにも国際社会のなかでの対立関係が反映されているのです。

●アメリカがシリア内戦に介入する目的

アメリカはシリアの人たちのためであるかのような顔をしてシリア内戦に介入していますが、本音は対イラン政策にあります。イランはアサド政権を支持しているからです。

地政学的に見ると、シリアはイランと近接する国として重要な位置を占めています。

イランの影響力を封じ込めるには、この地域で、唯一の仲間である、シリアやレバノンにあるヒズボラという組織を押さえ込む必要があるとアメリカは考えているのです。ヒズボラはイランが資金援助や武器を提供するなどの支援をしている団体ですが、シリアが武器の通過を許していました。

ヒズボラは反イスラエルを掲げ武装闘争を行っており、武装闘争だけでなく、パレスチナのハマスと同様に、選挙による政治参加もしている政党です。

イランを牽制《けんせい》するためには隣の国であるシリアをコントロールする必要があります。しかし、二〇〇六年に、ヒズボラはイスラエルのレバノン侵攻に対して反撃し、実戦でもメディア戦でも勝利を収めました。これはアラブにとってもイスラエルに勝った初めての戦争でした。

そのヒズボラを支援してきたのはシリアだったので、アサド政権をたたくことは、ヒズボラの力を削《そ》ぐことにもつながります。

もう一つ、ロシアの唯一の中東・地中海にある軍事基地が、シリアのタルトゥースというところにあります。アサド政権を倒せば、ロシアの軍事基地を撤退させることも可能になるでしょう。そうすれば、アラブ・中東地域はアメリカのヘゲモニー下に入ることになるからです。

シリアに対する経済制裁などの国連決議が出されようとするたびに、中国とロシアが拒否権を発動しているのには、ロシアがシリアに基地を持っているという背景があります。

●政治的に利用された政府への要求

内戦状態になって、いちばん被害を受けているのは言うまでもなくシリアの国民です。

政府に対して人間としてのあたりまえの要求をしたことが戦争をシリアに持ち込もうとしている人々に政治的に利用されてしまいました。その結果、内戦になり、大勢の人が殺されています。加えて、報道が偏っているため、シリアへの軍事介入を許す状況が作られてしまっています。いま、世界中でシリアの報道を見聞きしている人たちは、早く軍事介入してアサド政権を倒したほうがいいと思っている人が大多数ではないでしょうか。しかし、武器をシリア国内に入れれば入れるほど死者が増える。悪循環が続いています。

ABCがアサド大統領にインタビューした番組のなかで、アサドが「起こっていることに関しての責任はない」と答えた箇所だけが繰り返し放送されていたことに意図的なものを感じます。すべてのインタビューを聞けば、アサドが否定しているのは、政府軍が弾圧、虐殺を行ったことでした。アサド軍と名付けて質問されたことに対して、軍はプライベートなものではなく、いま、シリアで起こっている鎮圧活動は軍レベルではなく、個人の残念な悪意の結果だと答えたのです。「プライベートな（アサド個人の）軍ではない」という部分が切り取られ、何度も繰り返し放映され、あたかも責任逃れをしているような印象を与えました。

現在も動画サイトでインタビューの全編を見ることができますが、ぜひ見てほしいと思います。他にも例がたくさんありますが今回のシリア内戦については、そのように意図的な編集による報道が多すぎるのです。

●でっちあげられた「シャッビーハ」

シリアでは、意図的な編集どころか、デマがインターネットに流され、それが事実であるかのように信じられてしまう現象も起こりました。

シャッビーハという言葉をご存じでしょうか。

日本版ウィキペディアの「2011年シリア騒乱」という項目で、こんなふうに紹介されています。

「シャッビーハとは、アル＝アサド家に資金提供を受けた3000人以上の構成員からなる暴力団である。この呼称は幽霊を意味する言葉（Shabah）であり、かつてアル＝アサド家やその縁《ゆかり》の人達が使うメルセデス・ベンツの車に由来する。彼らは、政府を批判する人々が、たとえ武器を持たない者だとしても、批判者にあらゆることを行う権限を持っている。新聞やメディアニュースチャンネルによれば、シャッビーハの構成員はアサドの傭《よう》兵《へい》であるとも言われる。シャッビーハが人権を守らないことについては、地元の新聞やチャンネルだけでなく国際メディアからも非難されており、特にFacebookやYouTubeなどのソーシャルメディアを通じて数百もの映像がアップロードされている」

この項目の表現がまさにデマを真に受けたものです。

「シャッビーハ」は現代の口語アラビア語で「シャババハ」と呼ばれている「メルセデス600」に乗る人のニックネームです。それに乗った人をシャッビーハと呼んでいます。そして、もともとの大きい意味は、見せびらかしながら派手な行動をする人のことです。いま使っている「シャッビーハ」は「かっこつけてる人」くらいの意味です。「幽霊」とはまったく無関係です。

「シャッビーハ」に暴力的な意味はありません。ブランド品を身につけたり、ちょっとかっこよく見せようとしている人のことなのですから。シリアの場合、アサド政権の優遇のおかげで裕福になった成金に対して使われることが多いのです。私が育ったレバノンでもシャッビーハという言葉を使います。ブランド品を見せびらかすように歩いていると「なに今日はシャッビーハしてるの？」という感じで使うのです。自分が「シャッビーハ」と言うのではなく、人から言われる言葉です。ただし、最近では、親アサド政権という政治的なスタンスがあるため、親アサド派・中産階級・アラウィ派の人たちが、自ら名乗っている場合もあるため、複雑です。

●ユーチューブの「自作自演」映像

ただし、アサド政権に関わりのあるアラウィ派の一部の子弟が武装しているというのは事実です。しかし、実態は友だちや親戚が集まり、一〇人くらいで自警団のように街を守るためにパトロールしているようなイメージです。私が取材した限りでは、アサドが命令してやらせていることではありません。組織もなければリーダーもいない。それぞれの街を守ろうとしているだけです。しかも、シャッビーハがアサド家から資金提供を受けているという噂には何の根拠もありません。

武装した若者たちというだけで、日本に住んでいる人からは恐ろしいイメージを持たれるかもしれません。しかし、シリアではイスラエルと準戦時体制にある国ですから、誰でも中学、高校で軍事訓練を受けています。ですから、銃を扱えることはあたりまえなのです。しかも、家のなかに銃があれば、自衛のために使うことを考えても不思議ではありません。

「シャッビーハ」が暴力をふるっている映像がユーチューブにたくさんアップロードされ

ていますが、彼らが本当に「シャッビーハ」かどうかはわかりません。誰も何の確認もとらないままにネットに流し、あたかもそれが事実であるかのように広まっていっている状況です。実際、シリアに関してはインターネットを逆手に取った「自作自演」がいくつも発覚しています。

たとえば、ユーチューブで私はシリア軍から脱走してきたと証言している人がいるのですが、その人が実は軍人ではないことや、別の名前で証言しているケースがありました。また、女性が誘拐されて襲われて、「シャッビーハ」に暴行を受けたという映像もあったのですが、実は脅されてウソの証言を強要されたという例もありました。解放されてから、女性があらためて事情を語ったことで明らかになりました。

シリアでは軍服は簡単に手に入るので、政府軍になりすますのは簡単です。ＣＮＮや各国のメディアが、川の上にある高い橋の上から血まみれの人たちを投げ落としている映像をユーチューブで入手し放送したことがありました。すると、さっそく欧米のメディアが「シャッビーハ」が行っている暴力だということで放送しました。

しかし、アラビア語がわかる人であれば、おかしいなとわかる映像でした。ＣＮＮはおそらく確認せずに使ったのだと思います。アラビア語からは、親アサド政権の人たちが暴行を受けているということがわかりました。そのことに気づいたメディアは、その後は一切その映像を流さなくなりました。もちろん、誤報についての謝罪は一切ありません。

シリアで起こっていることについて、メディアは明らかに偏っています。そのため、シリア政府の言い分を裏付けるような映像や証拠、証言は放送しません。その反対に、反政府勢力が提供する映像や証拠、証言はそれがねつ造であっても、知らないふりをして放送しています。

たとえば、シリア政府が一貫して主張しているのは反政府勢力のなかにも武装した暴力集団が少なからずいるということと、親アサド政権の人々を誘拐したり、拷問したり、脅迫したり、殺したりしているということです。同じ村のなかで、アラウィ派だというだけで差別されたり、暴力をふるわれ、村を追い出されている人たちがいるということです。

しかし、この事実は一切報道されていません。しかし、反体制派の暴力があまりにひどくなったために、国連でも八月に入ってから人権侵害報告書で、反体制派勢力による捕虜への拷問などの戦争犯罪を報告するに至っています。

●レバノンの民法への反発

シリアの西に目を向けると、レバノンがあります。

私の生まれ育った国です。私が生まれて三年目から、ずっと戦争状態にありました。国外から持ち込まれる戦争もあれば、イスラエルとの戦争もあります。政情が不安定になる要素がたくさんある国です。

「アラブの春」が始まったとき、レバノンでもデモが行われました。しかし、ほかのアラブの国で民衆が求めていたこととは少し違いました。レバノンの場合、民法がなく、その代わりにある宗派ごとの法律に反対してデモが起こりました。

レバノンは一八の宗派があり、その宗派ごとに法律が違います。人口で言うと多いのがマロン派とシーア派。その次がスンニ派という国です。刑法は宗派が違っても同じですが、結婚・離婚・財産分与などの民法が宗教によって異なっています。

なぜ宗派ごとに民法が違うと不都合かというと、いちばん大きな問題は結婚です。

いまのレバノンの宗教法（各宗教・宗派に基づいた法律）では、宗教・宗派の違う二人が結婚しようとすると、どちらかが改宗しなければなりません。改宗した側の法律に基づいた結婚しかできないのです。無宗教での結婚という選択肢はありません。

また、このことがあるために、国民も宗派による区分けに敏感です。大統領はマロン派、首相はスンニ派、国会の議長はシーア派、というように政治家と宗派が結びついて機能しています。政府高官のポスト配分も宗派に基づいているので、技術や能力よりも、宗派による配分が重視されます。

ポストの割り当て制度はマイノリティの権利を守るために使われるためならいいと思いますが、そうではない場合にはアンフェアだと思います。マイノリティが多数派に対して権利を主張できるようにするためならいいのです。競争だけでなく、割り当てがあることによって参加できます。それが割り当て制のもともとの目的だと思います。

しかし、ほとんどの政治家はこのシステムを変えることに反対しています。自分たちの権力基盤が宗派にあるからです。また、宗派のリーダーはその法律によって大きな権力を手にしています。自分たちの宗教的地位が権力そのものですから手放したくないと考えるのも当然です。

これから結婚したい、これから出世したいと考えている若者以外の大人たちも、宗派ごとの民法撤廃には反対です。異なる宗派間で結婚が簡単になれば、改宗する人が増えるおそれがあるからです。それが嫌だ、という反応が意外に多いのです。

ですから、デモは若者たちの間では盛り上がりましたが、それ以外の世代は冷ややかでした。メディアの反応も鈍かったのです。また、アラブのほかの国で起きているできごとが派手だったために、レバノンで起こっていることに目が向かなかったということもあったと思います。

●サウジとイランの代理闘争

二〇〇八年五月七日、ヒズボラと反シリア勢力の武装対立以後、ヒズボラの武装解除を求めるデモもありました。「ヒズボラ」はシーア派の急進的な政治組織で、一九八二年にレバノン内戦にイスラエル軍が介入してきたときに、反イスラエルを掲げて結成されました。反イスラエル、反欧米のための武装闘争を行っています。

実は、いまのレバノンは真っ二つに世論が分かれてしまっています。

その一つが、「反ヒズボラ、反シリア、親サウジアラビア、親ハリーリー」というグループ、それが「三月十四日」グループです。この日に大きなデモがあったからです。もう一つのグループが「三月八日」グループ。それが「親ヒズボラ、親シリア、反サウジアラビア、反ハリーリー」。

ハリーリーとはレバノン内戦（一九七五～一九九〇）後の復興を担ったラフィーク・ハ

リーリー元首相のことです。ハリーリーはサウジアラビアや欧米の支援を取り付けてレバノンの復興を進めましたが、二〇〇五年に暗殺されます。息子のサード・ハリーリーも父の路線を受け継ぎ、二〇〇九年から首相の座に就いていましたが、この騒動のさなか、二〇一一年六月に政権が崩壊し、辞任しました。

「アラブの春」の頃は、三月十四日グループが連立政権を担っていました。そのリーダーが、子ハリーリーでした。サウジアラビアが支援して、アラビア半島でのヘゲモニーを維持、拡大すべくレバノンにお金を使っていたのです。

一方、三月八日グループの支援者はイランだと言われています。シーア派の人たちは同じシーア派の国のイランに親近感を持っていることと、アラウィ派の人たちもシーア派と教義が近いこともあって考え方が似ているからです。もっとも、こちらのグループには政教分離、左派共産主義を唱える人たちもいます。

どちらのグループにも外国勢力の関与がうかがえることが象徴するように、レバノンは外国勢力の権力闘争に巻き込まれてしまっています。七〇年代から九〇年代まで内戦が続いたこともあり、レバノンの国民が求めているのは安定した政権と、穏やかな暮らしだと思います。

●レバノンの地価が高騰する理由

レバノンは経済的な問題でも少し特殊な事情を抱えています。最近、地価が高騰しているのです。

サウジアラビアなど湾岸のお金持ちたちがレバノンの土地を買っているからです。レバノンの土地は狭いのに、湾岸の人たちが家を買うので、地価が上がってしまっています。不動産バブルのような状態になり、一般のレバノン人の手が届く不動産が減ってしまいました。

レバノンは湾岸の国に比べて、リベラルでオープンな雰囲気があり、街もモダンでにぎやか。保守的な社会に住む湾岸の国の人々にとってガス抜きにちょうどいい場所だからです。湾岸の国では飲めないお酒を飲めたり、女性と遊ぶこともできます。

レバノンが人気を集めている理由はもう一つあります。夏になると湾岸の国は暑すぎて住んでいられません。お金に余裕のある人たちは、休みをとって涼しいところに行く習慣を持っています。湾岸の中産階級たちは、９・11の前は欧米で休暇をすごしていました。ところが、９・11以降は欧米に行くと周囲の目が冷たくなりました。テロを起こした人たちの大半がサウジアラビア人だったこともあり、イスラム教徒への視線が厳しくなったのです。そこで、次のオプションがレバノン、シリアになりました。中産階級はレバノン、中流の下ならシリアです。クルマに乗って陸路で大家族で移動してきて、一カ月程暮らします。物価も湾岸よりレバノン、シリアのほうが安いので経済的です。

●ハリーリー暗殺の後遺症

レバノンの現在を知るために、ハリーリーについてもう少し詳しく述べておきます。ラフィーク・ハリーリーはレバノンの首相を二度やっているのですが、暗殺されました。

ハリーリーはサウジアラビアでビジネスに成功し、サウジアラビア政府と太いパイプを持っていました。一九九〇年にレバノン内戦が終わった後、帰国したハリーリーは政界に進出し、国の復興に参加しました。一九九二年には首相になっています。ハリーリーはスンニ派だったので、首相ポストを割り当てられたのです。

ハリーリーは宗派対立が収まった後に首相になり平和になった、レバノンの復興に腕をふるいましたが、サウジアラビアとの関係が深いことから、反発する国民もいました。先ほど述べた「親サウジ、親ハリーリー」というのはそういうことです。

しかし、ハリーリーは二〇〇五年にベイルート市内で起きた爆破事件で暗殺されてしまいます。

この暗殺事件をきっかけに「杉の革命」と呼ばれる国民運動が始まり、シリア軍をレバノン国内から撤退させました。レバノンは一九七六年から三十年近くにわたってシリア軍が常駐する国だったのです。

ハリーリーが亡くなる前までは、国民のほとんどが反ハリーリーでした。ハリーリーの政策で財政赤字が増え、国が莫大《ばくだい》な借金を抱えてしまったためです。内戦後、わずかな期間で街がきれいになって復興したように見えたのですが、それはハリーリーの私財でそうなったわけではなく、外国からの借金でやったことでした。それで借金がふくらんだのです。

ハリーリーには政策の腐敗もありました。復興計画のなかで土地を売買するときに彼が関わっている会社が指名されたり、政府が公共事業などを民営化するときに、買い取ったのがハリーリーが関係する会社だったりとやりたい放題だったのです。

ところがハリーリーが暗殺されると、さっそく、何の証拠もないのに暗殺の黒幕はシリアだという声が上がって、国が真っ二つに分かれてしまいました。それ以来、ふたたびレバノンの政情は不安定なままですが、それはレバノンの問題というよりも、シリアや地域の問題がレバノンに持ち込まれてきてしまったような状況です。

●カタールはフェアな国か

アラビア半島の北東に、アラビア湾に面して突き出た半島があります。カタールです。カタールはサウジアラビアと陸路で国境を接し、アラビア湾ではバーレーンの島々と近い位置にあります。世界一、一人あたりの生活水準が高いと言われている国の一つです。

一九九五年にいまの首長であるハマドが、実の父親で当時の首長だったハリーファに対してクーデターを起こして政権を手に入れて以来、社会・政治改革を続けてきました。たとえば、女性に選挙権を与えたり、社会進出への働きかけをしてきています。

カタールといえば、衛星放送局「アルジャジーラ」のある国としても知られています。ハマド首長はアルジャジーラの設立にあたって自分の私財を投じています。その結果、アルジャジーラはアラブ全域にわたって影響力を持つ衛星放送局になりました。現在も、毎年、約三〇〇〇万ドルの予算を与えていると言われています。

しかし、その投資は価値あるものでした。カタールという小さい国がその国土以上の存在感を持つようになったのは、アルジャジーラがあるおかげでしょう。

アルジャジーラの存在は、カタールを仲介役を果たせる国家に見せることにも役立っています。カタールは親サウジ、親米で、今回の「アラブの春」でも、シリアの反政府勢力に武器を提供しています。しかし、アルジャジーラはあたかもアラブ民衆の側に立って「革命」を支持するような報道をしています。たしかにチュニジア、エジプトでの革命ではまさにその通りのことをやっていましたが、先述したようにリビアでの内戦以降はかなり強引な反政府報道に傾いていきました。

●アルジャジーラが抱えるタブー

では、カタールに「アラブの春」の影響はあったのでしょうか。

カタールでも、規模は小さいものの、チュニジア、エジプトに刺激されたデモはありました。彼らが政府に要求していたのは、より幅広い自由がほしいということでした。

アルジャジーラは世界から見ると、報道をプロフェッショナルに行う集団で、自由に正しいと思ったことを報道しているように見えます。アルジャジーラの当初のキャッチフレーズは“opinion and the other opinion”。つねに両方の意見を聞く、というものでした。

そして、それまでアラブの報道にはなかった視点を打ち出して、喝采を浴びました。

しかし、アルジャジーラにもタブーはあります。その一つがカタール政府への批判です。実際、アルジャジーラはカタールのことをほとんど報道しません。批判もしなければニュースにもしない。カタールの批判になるようなトーク番組やニュースを意図的に放送しません。そのことについて問われると、アルジャジーラの幹部は「カタールは小さい国だから報道すべきことがない」と答えています。

二〇〇七年にイスラエルの副首相、シモン・ペレス（現在は大統領）がカタールを訪問した際にもアルジャジーラはそのことを報道しませんでした。

国民がデモで国内で表現の自由をもっと認めることを要求していることも報じません。私たちは、そのデモをユーチューブに上げられた映像で知りました。デモに参加して逮捕された人もいましたが、やがてデモは収束し、民衆の主張はうやむやになってしまいました。

いまやアルジャジーラはアラブの有力な情報源です。それどころか、アラブだけではなく、欧米がアラブについて報道するときの情報源になってしまっています。「アルジャジーラによれば」で欧米のメディアは信用性のある情報だとして報道しています。アルジャジーラが報じているなら正しいだろう、と裏付けも取らずに速報を出してしまうと、後から訂正しても、最初に流出した情報のほうが信じられてしまうのです。

カタールはカタールで自分たちの政策があり、アルジャジーラはその政策を実現するための道具として使われています。決して、自由なメディアではありません。

ハマド首長がアルジャジーラを設立するときに投じた資金は一億三六〇〇万ドル、年間三〇〇〇万ドル程度の補助金を出しているといわれています。

●トルコの中東世界への介入

アラブの国々にとって、長い間、トルコは抑圧者という見方をされてきました。オスマン・トルコ帝国の末期、アラブ・ナショナリズムの人々を弾圧して支配していた歴史があるためです。アラブ人にとって、トルコのイメージはいいものではありませんでした。

二〇〇三年にレジェップ・タイイップ・エルドアンが首相になってから、そのイメージが徐々に変わってきました。現在のトルコは、アラブと欧米、アラブ諸国間の仲介役として、存在感を増しています。

そもそもトルコはトルコ共和国の初代大統領を務めたムスタファ・ケマル・アタテュル

クが政教分離（世俗主義）を打ち出し、欧米との協調路線を歩んできました。そのため、トルコは欧米寄りのスタンスでイスラエルとも外交、軍事協力もあり、アラブからは距離のある国でした。

しかし、エルドアン首相とアブドゥラー・ギュル現大統領はムスリム同胞団系の公正発展党（ＡＫＰ／党首はエルドアン）の所属です。大統領は選挙で世俗主義を掲げて選挙を戦いましたが、妻はイスラム式にスカーフを被っています。宗教的なことをタブーにせず、イスラム的な価値観を表に出しています。トルコではそれまでにもムスリム同胞団系の組織が三度ほど政権を取っていますが、そのたびに、トルコを陰で支配してきた軍隊に政権をつぶされてきました。しかし、エルドアンは時間をかけて、軍の介入を減らしていきました。エルドアンはトルコの舵取りをすることで、イスラム主義と世俗主義と民主主義は相反するものではないことを証明しようとしています。

この九年間で、エルドアンはＥＵに入る交渉を進める一方で、アラブ諸国やイランとの距離を徐々に縮めていきました。欧米、イスラエル寄りの立ち位置から、アラブとのバランスを取るようになってきたのです。

イスラエルのガザ侵攻、ガザ封鎖のとき、エルドアンとイスラエルのシモン・ペレスが世界経済フォーラムで対談の場を持ちました。このとき、エルドアンはかなり激しくイスラエルのガザ封鎖を批判しました。加えて、司会者がペレスに有利な展開に持っていこうとすると、「一分ください」と言って、イスラエル批判の正当性を訴えました。このドラマチックな対談がアラブ諸国の民衆から支持されました。イスラエルとの合同軍事演習も中止し、喝采を浴びています。

その後、トルコは仲介役として、アラブ問題に関わっていきます。リビア内戦のときにも、カダフィに退陣を勧めています。エジプトでも、ムバラク政権に国民の声を聞くようにといさめてもいます。アラブの民衆側に立った発言で、トルコの人気が上昇していきました。シリアに対しては、アサド政権に反対する武装勢力に基地まで提供しています。

トルコが外交戦略で目標としているのは、中東でリーダーシップを取ることです。経済的にも発展しているため、政治的、経済的に中東をリードしていこうという意志が見て取れます。今後、トルコはますます重要な役割を果たすことが予想できます。

●アラブ首長国連邦国民の無関心

カタール半島の北東、アラビア湾沿いにあるのがアラブ首長国連邦（ＵＡＥ）です。

ドバイが世界的に注目を集める金融センター、観光地となったため、近年、にわかに脚光を浴びています。

ＵＡＥもサウジアラビアやバーレーン、カタールのように湾岸のお金持ちの国です。国民は一般に政治に関心が薄く、不満はあまり持っていません。

不満を感じているのはＵＡＥに住んで働いている外国人労働者です。ＵＡＥの国民はあまり働かず、外国人を働かせているから不満がないのも当然です。

外国人にも二種類います。知的な仕事に就いているホワイトカラーと労働者層です。ホワイトカラーの労働条件はそれほど悪いものではありませんが、問題はブルーカラーの人たちです。非人間的な扱いを受けていても、その人たちの境遇を改善しようと訴える人がいないので、放っておかれている状態です。

社会は三層に分かれていて、「ローカル」「外国人の専門家」「外国人の労働者」。三つの層がそれぞれに差別し合っています。政府としても、それぞれの階層の人々が接しないようなシステム作りをしています。

「ローカル」の人たちは優遇されています。企業は彼らを、有能無能にかかわらず一定数を雇って管理職にしないといけないという決まりがあるのです。「外国人の専門家」はアラブのほかの国や欧米から来ていて、専門的な教育を受けているので高額な給与を与えられ、嫌になったらほかの国で働くという選択肢もあります。でも、「外国人の労働者」はアラブの貧しい国や、アジア、アフリカから働きに来ている人たちなので、賃金も安いし、自国に帰されてももっと苦しい生活が待っているので、条件が悪くてもここでがんばるしかありません。

そして、政治を語ることはこの国ではタブーです。とくに外国人は政治について発言してはならないという不文律があります。ドバイで友だちとカフェで話しているときに、政治に話題が及ぶと、あたりをキョロキョロと見回します。「外国人が政府について文句を言っていたよ」と隣に座っているローカルの人が当局に通報するからです。それが原因で国外退去にされてしまう可能性があるのです。

●生活の不満が革命を起こす

生活の不満がなければ、たいへんな思いをしてまで声を上げて主張するということは普通はないと思います。日本を見ていてもそう感じます。

自分の職や安全を犠牲にしてまで行動する必要はないということは、どこの国の人も同じです。

だから逆を言えば、本当に苦しい生活をしていて、失うものがないところまで追い詰められた人だからこそ、不満を表明せざるをえないのです。「アラブの春」が今回起こった国の人々は、そこまで追い詰められていたということです。

チュニジア、エジプトは十五~二十四歳の失業率が30パーセント程度ですので、生活が立ちゆかなくなっていました。将来どうなってしまうのかがまったく見えない状態です。

とくにチュニジアでは、高い教育を受けても、コネがなければ路上で野菜を売ることでしかお金を得る手だてがありません。しかも、そのささやかな仕事も国から取り上げられてしまう。その一方で、私腹をこやしている政治家や官僚、その家族がいるのです。

不満がたまっていたところに、爆発するきっかけがあって、大きな運動に盛り上がっていきました。

しかし、残念ながら、その民衆の蜂起《ほうき》が国外の勢力に利用されたという側面があったのは、これまで述べてきた通りです。特にリビアやシリアは「アラブの春」の一連の動きに乗じて現政府を転覆させたい国内外の勢力に利用されたという見方ができるのです。

●インターネットの功罪

「アラブの春」ではインターネットのフェイスブックやツイッターを使った呼びかけや、それによるデモが民衆の力を一つにしたと報道されました。たしかにチュニジアやエジプトでは、国内で不満を持っていた人たちを団結させ、行動を起こさせる一方で、世界に対して現状を訴えることができたと思います。

しかし、チュニジア、エジプト以外の国では、インターネットの普及率が低いこともあって、アルジャジーラなどの衛星放送を中心としたマスコミの報道の力が大きく作用しました。チュニジアやエジプトでも、インターネットと衛星放送の二人三脚があったからこそ、あそこまでの盛り上がりになったのだと思います。

アルジャジーラの登場が衝撃的だったのは、その国のローカルな視点での報道ではなく、アラブ全体を見渡した報道が画期的だったからです。アラブの国々のローカルな放送局は、報道の自由が限られているため、その国の政府に都合の悪いことは報道できません。しかし、衛星放送はアンテナさえ立てれば、国外の情報が入ってきます。「アラブの春」で衛星放送が果たした役割は、インターネットと同様、国際的な視点で見たとき、自分たちが置かれている状況がどういうものかを認識させたことです。

しかし、メディアの発達はかならずしも良い面ばかりには働きません。アルジャジーラがカタール、サウジアラビアなどの思惑に影響された報道を行っていると指摘しましたが、今回の「アラブの春」ではインターネットの危険性も露呈しました。

チュニジア、エジプトでは民衆の生の声を伝え、メディアがフォローしきれない情報を世界に伝えることができましたが、リビア内戦以降は、デマやねつ造がまかり通り、むしろ内戦をあおることに利用されました。

今回の「アラブの春」では、インターネットが諸刃《もろは》の剣だということがよくわかりました。

エジプト政府は数日間、インターネットにアクセスできないようにしました。あまりにも政府に不利な映像や画像がインターネットで流れたからです。しかし、エジプト政府の強硬策は裏目に出ました。政府のやり方に怒った若者たちはさらに抗議行動を激しくするようになり、海外メディアからも政府の一方的なやり方への批判が起こりました。

しかし、この後は、いかにインターネットをうまく使うか、とさまざまな立場の人たちが考え始めたのだと思います。

たとえばシリアでは先述したようにニセの映像を流すなどのプロパガンダも行われるよ

うになりました。

「アラブの刀」は刃が両方についているので、どちらも切れます。日本語で言う「諸刃の剣」です。どちらがうまく使うか、という段階に入ってきていると思います。

エジプトでは市民の声を歌にして、とても素敵な映像をたくさん作ってユーチューブに流していて、見ていると鳥肌が立つほど素敵なものがたくさんありました。しかし、リビアやシリアの場合には、そうしたピュアな表現ではなくて、プロパガンダのための映像がたくさん流れるようになってしまいました。

また、当初、インターネットは発言の機会がない市民にとって自由に発言できる場でしたし、市民の声を直接聞けるメディアでしたが、いまではむしろ、インターネットが権力を持った人たちの監視するためのメディアになってしまいました。

たとえば、イスラエルに入国するためのビザを申請した場合、フェイスブックで個人情報や政治信条をチェックするということが行われています。アメリカでもフェイスブックを監視のために使っています。警察国家にとってインターネットは欲しい情報が無防備にあふれている場所でもあるのです。

どんな道具でもそうですが、いいことにも使えるし、悪いことにも使えます。

●メディア戦争だった「アラブの春」

「アラブの春」の本質はメディア戦争だったと私は思います。

資金や軍事を使わずに、標的にした政権を倒すメディア戦争です。

そのとき主役は市民のときもあれば、メディア自身であることもあります。チュニジアやエジプトでは主役が市民でしたが、リビアやシリアではメディアが偏った報道をすることで、内戦をあおりたてました。

アラブの場合、大きな役割をになったのはやはりアルジャジーラです。

今回、「アラブの春」の報道をめぐり、アルジャジーラ内部からも不協和音が聞こえてきています。アルジャジーラがウソの報道をすることにうんざりしたスタッフが大量に辞めています。ジャーナリストとして、メディアに関わる者としてのポリシーに反するという理由や、同じシリア人として同胞を苦しめる報道に与《くみ》したくないという理由で辞めた人たちです。

今回の一連のできごとに対して、アルジャジーラは明らかにリビアでは反カダフィ、シリアでは反アサドというスタンスでニュースを放送していました。

チュニジア、エジプトのときは、反政府勢力と政府、両方の言い分を取り上げていました。番組内で政府派、反政府派、双方の人たちを呼んでディベートを行ったりもしました。ところが、リビア報道からはスタンスが変わり、一方的にカダフィ政権を攻撃する報道になっていきました。シリアも同じです。

「アラブの春」の報道で、アルジャジーラはこれまで作り上げてきたブランドに泥を塗ったと私は思っています。そして、報道を受け取る私たちも、情報の真贋《しんがん》について、疑ってかかれるだけのリテラシーを持つことが求められています。

●世界へ広がった「アラブの春」

「アラブの春」はアラブ世界だけでなく、広く世界の人々に影響しました。

本書の冒頭で触れたアメリカの「オキュパイ・ムーブメント（ウォール街を占拠せよ Occupy Wall Street)」のスローガンに「私たちは99パーセントだ」という言葉がありました。まったくその通りだと思います。

二〇〇八年のリーマン・ショック以降、生活に苦しむ人がたくさんいるのに、ほんの一部の人たちが多額なサラリーやボーナスをもらっています。「私たちは職を失ったり、低賃金で働いているのに、なぜ？」と疑問に思って当然だと思います。

しかも、不況で税収が減れば、真っ先にカットされるのが福祉関連の予算です。銀行や大手企業は税金をつぎ込んでまでつぶさないのに、福祉予算は削ります。その結果、弱者にしわ寄せが行くというのがいまの世界に共通する状況です。

「アラブの春」に立ち上がった人たちの姿を見て、自分たちが置かれている理不尽な状態に気づいた人たちも多かった。「黙っている必要はない。立ち上がっていいんだ」と気づいたのです。

「オキュパイ・ムーブメント」はアメリカのあちこちで行われましたが、それだけではなく、オーストラリアでも、ドイツ、フランス、イギリス、イタリア、日本、韓国、中国、イスラエルでも起きました。人種、民族、宗教、文化を超えて、現状に「NO！」と声を上げたのです。

こうした世界的な広がりは、まさにメディアがなければ起こりえなかったことです。

「アラブの春」は、遠いアラブの国で起こった無関係のできごとではなく、これから市民社会がどうあるべきかを考えるうえで重要なできごとだったと思います。

おわりに

二〇一二年六月末から八月まで、私はレバノンに滞在しました。

シリアの内戦はますます激しくなり、レバノンや近隣諸国にも内戦が飛び火してきていました。レバノン北部では、アサド政権にシンパシーを持つアラウィ派の人たちと、反アサドのスンニ派の人たちとの間で武力衝突が起きています。

私が滞在した首都、ベイルートでもシリア内戦が飛び火した事件が起きていました。長引く内戦に疲れ切った自由シリア軍の兵士たちが内戦で味わったストレスを発散するためにレバノンに休暇を取りにきています。彼らが、もともとレバノンで働いていたシリア人たちとケンカになって殺人事件が起きてしまうケースが報道されていました。ケンカのきっかけは、アサド政権に対する考え方の違いです。シリア問題はシリア国内だけのものではないのです。

ベイルートのカフェで聞こえてくるのも、シリア内戦のことばかりでした。アラブの人々にとって、シリアの問題はとても深刻で、身近な問題なのです。

エジプトのムルシー大統領がアラブの問題はアラブで解決すべきだ、と地域の政党で話し合いの場を持とうと提案していますが、私も同感です。シリア問題は、アメリカの問題でも、ヨーロッパの問題でもなく、アラブの問題だからです。

レバノン滞在中に、ジャーナリストの山本美香さんが亡くなったという知らせが入ってきました。私は山本さんにお会いしたことはありませんでしたが、日本人のジャーナリストであり、現地の声を日本に届けたいという思いを知り、共感を覚えました。

悲しいことですが、これで日本もシリア問題と無関係ではなくなりました。シリア問題を解決するために日本政府が積極的な関わり方をすることは難しいかもしれませんが、内戦が終わったあとには、復興のための精神的、資金的な支援をすることはできると思います。

シリア問題だけでなく、アラブの問題は複雑で、一口で言えるものではありません。それだけに、報道されたことだけを見ていてはわからないことがたくさんあります。広い視野と柔軟な視点を持つことで、報道されているアラブとは違う姿が見えてくると思います。

本書では、とくに「アラブの春」とメディアの関わりについて書いてきました。メディアは誤報やデマによって、状況を悪化させてしまいます。権力に利用されることで、人々の怒りや憎しみの感情をあおり、戦争の引き金を引いてしまうことさえあります。

現代では、無知であることは危険なことです。大手メディアが報じることを鵜呑みにするのではなく、自分から情報を探し、情報ソースを確認すること。そうしたメディア・リタレシーを持つことで、違う世界が見えてくるはずです。

また、インターネットの発達とソーシャルメディアの登場で、メディアも様変わりしています。ソーシャルメディアは今回の「アラブの春」や、世界的な民衆蜂起に大きな役割を果たしました。

しかし、一方でソーシャルメディアは国家権力が個人情報を収集するツールになる危険性をはらんでいます。例えば、フェイスブックはプロフィールだけでなく、人間関係や現在地などの情報をアメリカのCIAに提供しているのではないかという疑惑が持たれています。事実、国家権力は情報隠蔽や情報操作にますます力を入れています。AP通信はアメリカが二〇〇五年から二〇〇九年までの5年間に、約47億ドル（約3760億円）を戦争プロパガンダのために使ったと報じています。

情報戦争のなかでウィキリークスが暴いた情報には大きなインパクトがありましたが、同時にソーシャルメディアによる個人情報の吸い上げは、国家による個人情報収集の「民営化」を招きかねません。国家が国民の個人情報を収集する権利が強まる一方で、国民が知る権利は弱められていると言えるでしょう。

二〇〇一年に日本に初めて帰国したときから、私自身が生まれ育ったアラブで起きていることと、とくにパレスチナ問題を理解してもらおうとさまざまな場で講演し、質問に答えてきました。

そのとき、私には、日本の社会では、アラブで起きていることは宗教的で民族的な問題だから、専門家にしかわからないと思いこんでしまっているように感じられました。

しかし、私に言わせれば、パレスチナ問題は宗教的でも民族的でもなく、「人間的な問題」です。人間として絶対に許してはいけないことがパレスチナで起こっていることをわかってほしいのです。

パレスチナ人、アラブ人だけではなく、日本を含めた世界中の人が、パレスチナで起きている差別や弾圧、占領に対して「許してはいけない」ということを理解してほしいのです。

パレスチナとイスラエルの問題は、宗教的な問題ではないということです。イスラム教とユダヤ教の対立ではありません。

イスラエルはたしかにユダヤ教徒がつくった国ですが、彼らに土地を奪われたパレスチナ人はイスラム教徒だけではありません。キリスト教徒も無宗教の人たちもいます。そういう人たちがみんなでかつて自分たちやその親が住んでいた土地を取り戻すために、イスラエルの占領政策に抵抗しています。

弾圧、差別、自由がない……だから抵抗しているのです。宗教のためではなく、生活のために戦わざるをえない。そのことをまず知ってほしいと思っています。


私がこのあとがきでパレスチナ問題を取り上げたのは、この問題と「アラブの春」は決して無関係ではないからです。

チュニジアやエジプトで人々が訴えたのは、まさに「人間的な問題」です。のどが渇いた人が水を求めるように、生活の向上や、腐敗の一掃や、自由を求めた結果、長い間続いた支配体制が終わったのです。そして、人々が起こしたアクションは、世界中の人々に影響を与えました。その後、この「革命」がどうなっていくかは予断を許しませんが、人々が立ち上がる勇気を持ったことだけは光り輝いていると思います。

だからこそ、「アラブの春」を利用して権力掌握のために住民をないがしろにして内戦を起こすような人々のことを許すことはできません。私が本書を書こうと思ったのは、まさにその「事実」を日本にいる人たちに知ってほしかったからです。そこからまた、アラブの社会や生活を知り、文化に触れてほしいと思います。

アラブは日本から見て、地理的にも文化的にも遠い地かもしれません。しかし、そこにも人間的な暮らしをしたいと願う人たちがいます。「アラブの春」で立ち上がった人たちも、パレスチナ問題の解決を願う人たちも、人間らしく生きたいという思いは同じなのです。二〇一一年三月十一日の東日本大震災の後、日本でも、「生き方」「くらし方」を変えようと、「脱原発」を訴える人が日々増えています。そうした思いも、また、「人間らしく生きたい」という思いにつながっていくと思います。

アラブには「他の人のためにやったことはかえってくる」という言葉があります。日本にも「情けは人のためならず」という同じ意味の言葉があります。アラブと日本が真の友好関係を築くために、お互いのことをもっと知ることによって思いやれるような関係になってほしいのです。

私はこれからもそのためにこの仕事を続けていきたいと思います。

最後に、この本の出版に最善を尽くしてくださった角川書店の菊地悟さん、ライターのタカザワケンジさんにお礼を申し上げます。ありがとうございました。

重信メイ

重信メイ（しげのぶ・めい）
中東問題、中東メディア専門家。1973年、レバノン・ベイルート生まれ。日本赤軍のリーダー重信房子とパレスチナ人の父の娘として、無国籍のままアラブ社会で育つ。1997年、ベイルートのアメリカン大学を卒業後、同国際政治学科大学院で政治学国際関係論を専攻。2001年3月に日本国籍を取得。来日後はアラブ関連のジャーナリストとして活躍。2011年同志社大学大学院でメディア学専攻博士課程を修了。現在、ジャーナリストとしてパレスチナ問題を中心に広く講演活動を行なっている。2009年から中東放送センター（MBC）の東京特派員を務める。著書に『秘密　パレスチナから桜の国へ　母と私の28年』（講談社）、『中東のゲットーから』（ウェイツ）がある。

図版作成　スタンドオフ

「アラブの春《はる》」の正体《しょうたい》
——欧米《おうべい》とメディアに踊《おど》らされた民主《みんしゅ》化《か》革命《かくめい》

重信《しげのぶ》メイ

二〇一二年十月十日　初版発行
二〇一三年一月三十日　三版発行

発行者　井上伸一郎
発行所　株式会社角川書店
東京都千代田区富士見二―十三―三
〒一〇二―八〇七八
電話／編集　〇三―三二三八―八五五五

発売元　株式会社角川グループパブリッシング
東京都千代田区富士見二―十三―三
〒一〇二―八一七七
電話／営業　〇三―三二三八―八五二一
http://www.kadokawa.co.jp/

編集協力　タカザワケンジ
装丁者　緒方修一（ラーフイン・ワークショップ）
印刷所　暁印刷
製本所　BBC

角川oneテーマ21　C-231

ISBN978-4-04-110329-6 C0295